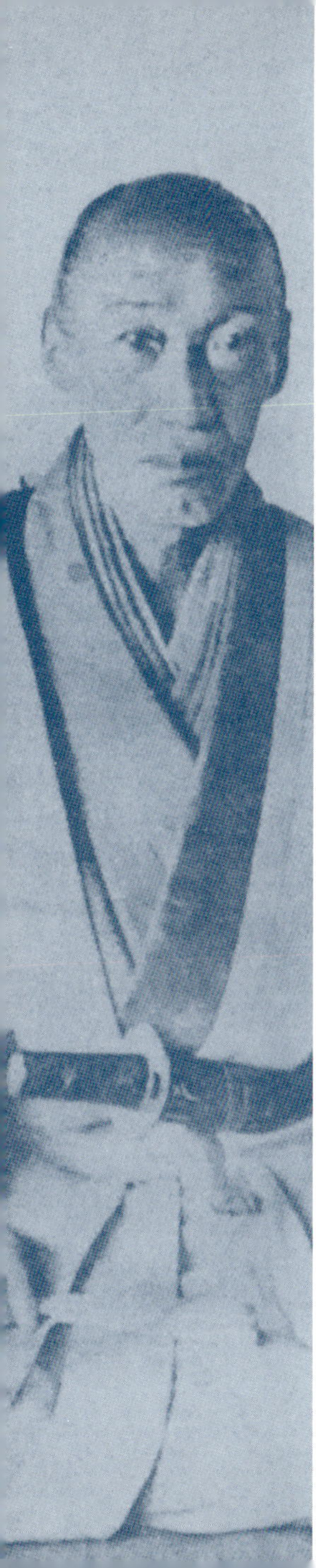

長崎偉人伝

高島《たかしま》秋帆《しゅうはん》

宮川雅一

はじめに

高島秋帆《たかしましゅうはん》についてもう一度詳しくその伝記を調べて、長崎生まれの人々に、偉大な郷土の先輩である高島秋帆を紹介してみたいと思ったのは、二〇一五年（平成二十七）十月のことであった。そのころ恒例となっていた、次年に生没後百年、二百年……といった節目の年を迎える人物を探しだし、その生没年月日や人柄・業績などを年末の長崎史談会例会で発表するための準備をしていたときである。

慶応二年正月十四日（一八六六年二月二十八日）江戸において高島秋帆が死亡した同日、長崎においては亀山社中の近藤長次郎（一八三八～六六）が亡くなっていることがわかった（長次郎については、二十四日説もある）。前者は功なり名とげた六十七歳での病死、後者はこれからの飛躍が期待された二十八歳での残念至極の切腹死であった。

ここでふと思った。

長次郎の上司にあたる土佐藩（高知県）の坂本龍馬（一八三五～六七）の銅像は、長崎市内風頭公園や丸山公園をはじめ、県下では上五島、島原とたくさんある。長次郎

高島秋帆像（長崎歴史文化博物館蔵）

自身についても、顕彰碑が中島川公園にできている。それなのに、長崎生まれの秋帆の銅像が市内にはないではないか。

ＮＨＫ大河ドラマ「竜馬伝」が放映された二〇一〇年（平成十八）に龍馬の故郷高知を訪ねたが、桂浜では龍馬の大きな銅像に対面し、高知市内には県立坂本龍馬博物館や市立の記念館があった。

念のために長崎市東小島《こしま》町の国史跡「高島秋帆旧宅」を訪ねてみると、やはりそこには記念館らしきものはもとより、銅像もない。一九二二年（大正十一）十月十二日の、国史跡指定制度が創設されて第一回指定のときに「高島秋帆旧宅」は国史跡となった。いっしょに国史跡になった「出島和蘭《おらんだ》商館跡」は復元整備が進んで資料館もあり、「シーボルト宅跡」には銅像もあれば、かたわらに立派な記念館もできているというのに……。

長崎近代化遺産研究会を立ちあげ、世界文化遺産に正式登録された「明治日本の産

業革命遺産 製鉄・製鋼、造船、石炭産業」については、現在も引きつづき研究を進めているが、じつは、そのうちの「製鉄・製鋼」の分野で最初に近代的製鉄技術を日本に導入したのは秋帆であり、それを実施し、ひろげたのも、秋帆であったことは明らかである。

本文で詳述するが、釜石市の橋野高炉で鉄の連続生産に成功した立役者の盛岡藩士大島高任（一八二六〜一九〇二）は、長崎に留学して高島家の門をたたき、静岡県伊豆の国市の韮山《にらやま》反射炉を建設した韮山代官江川英龍（太郎左衛門・担庵 一八〇一〜五五）は幕府高官であるが、れっきとした秋帆の門弟であった。

これらの事実からいって、秋帆が日本の近代化に果たした役割は、龍馬やシーボルト（一七九六〜一八六六）に比べてもけっして引けを取らないほど大きい。このことを地元長崎県民、市民、とくにこれからの長崎を背負って立つ若い人たちに知ってもらいたい、今後に役立ててもらいたいと願い、浅学菲才の身を省みず、長崎文献社の堀憲昭氏の依頼に応じ、本書を執筆させていただくことにした。

没後百五十年の二〇一六年（平成二十八）は、なんの顕彰事業もないまま過ぎ去ったが、これから多くの長崎の人々によって、高島秋帆が深く理解され、愛されることを強く願っている。さらに研究が進み、その成果として国指定史跡「高島秋帆旧宅」がいっそう整備され、銅像が建てられ、立派な記念館が開設されることを夢みているこのごろである。

平成二十九年三月

宮川雅一

もくじ

おわりに

高島秋帆略年譜／参考文献／人名索引

第一章

「明治日本の産業革命遺産」の元祖

―日本の近代化に先駆けた豪華多彩な高島秋帆の門弟たち―

高島秋帆のもとへ全国から入門した門弟たちは、後世に名を残す人物が多く、なかには日本の産業革命遺産に関わった者もいる。韮山《にらやま》反射炉を建設した江川英龍《ひでたつ》、佐賀の三重津海軍所を創設した鍋島茂義、鹿児島の集成館をつくった島津斉彬《なりあきら》に大きな影響を与えた成田正右衛門（鳥居平七）、岩手の橋野鉄鉱山を創設した大島高任など、秋帆の門弟たちが日本の近代化に果たした役割は、はかりしれないものがある。

一、韮山代官江川太郎左衛門英龍（担庵）

江川英龍自画像（江川家蔵）

「明治日本の産業革命遺産　製鉄・製鋼、造船、石炭産業」（以下「明治遺産」と略称）の二十三構成資産のひとつである静岡県伊豆の国市の韮山反射炉は、一八五七年（安政四）に佐賀藩の技術協力もあって完成したが、建設の中心人物は完成の二年前に亡くなっている。幕府直轄領の伊豆、相模、甲斐を支配していた、韮山代官の江川英龍である。

韮山反射炉（日宇孝良撮影）

英龍は、一八〇一年（享和元）に韮山代官の江川英毅（一七七〇〜一八三四）の次男として生まれるが、兄の英虎（一七九八〜一八二二）が早逝したため、一八三五年（天保六）父親の死去にともない三十五歳で韮山代官となった。

洋学者渡辺《わたなべ》崋山《かざん》（一七九三〜一八四一）から測量技術を学んだ英龍は、一八三八年（同九）には、同僚でライバルの幕府目付鳥居《とりい》耀蔵《ようぞう》（一七九六〜一八七三）とともに江戸湾の海防巡検をおこなっている。

英龍は、その当時江戸に来ていた秋帆のもとへ一八四一年（天保十二）入門し、徳丸原での洋式銃砲・兵式の演習には立ちあっている。その後しだいに幕府の海防政策に重用されるようになり、伊豆諸島の巡見や下田の警備などにもあたった。

ペリー来航後には、勘定吟味役格海防掛という幕府海防部門の最高責任者に抜擢され、品川台場の構築や大砲築造に必要な反射式溶鉱炉の韮山での建設に尽力している。秋帆が「中追放」処分で岡部藩に預けられていたときにはその釈放に向けて奔走し、釈放された一八五三年（嘉永六）以後には秋帆と協働して職務を遂行した。

そして安政二年（一八五五）一月十一日、英龍は師匠と仰ぐ秋帆に先立ち、江戸の屋敷において五十五歳で死没し、韮山本立寺《ほんりゅうじ》に葬られた。

二、佐賀藩武雄領主鍋島十郎左衛門茂義

明治遺産のなかには、佐賀市にある三重津《みえつ》海軍所跡が含まれている。

佐賀藩は、長崎警備の責任者として多くの藩士を送りこんでいた長崎海軍伝習所が閉鎖されると、三重津に先駆的な洋式のドライドックを築造して、洋式船用機械の修理を試み、藩士たちに西洋式船舶への理解を深めさせた。当時わが国では先駆的な、木造外輪蒸気船「凌風丸」の建造にも成功している。

このように佐賀藩が近代的科学技術の導入に積極的になったのは、同藩武雄領主の鍋島茂義（十左衛門　一八〇〇～六三）の存在があってのことであった。

茂義は、一八〇〇年（寛政十二）に二十七代武雄領主の鍋島茂順《しげより》（一七六〇～一八三五）の長男として生まれた。前半生は、佐賀本藩の実務を総括する「請役」に再三にわたって選任され、ときには藩主の怒りを買いながら節約を直言するなどして、藩財政の改革に尽力した。

武雄領主となった後半生には、一八三四年（天保五）日本の封建大名のなかで最初に秋帆の門弟になり、西洋式砲術や科学技術の研究に没頭して「蘭癖《らんぺき》」と呼ばれている。義弟でもあった佐賀藩主鍋島直正《なおまさ》（閑叟《かんそう》　一八一四～七一）に大きな影響を与えた茂

義は、幕末佐賀藩の軍事力や技術力開発のさきがけとなったのである。

武雄では、茂義の依頼で高島父子が鋳造した臼砲（モルチール砲）が戦前に発見され、現在は佐賀県立博物館に展示されている。

武雄に残るモルチール砲

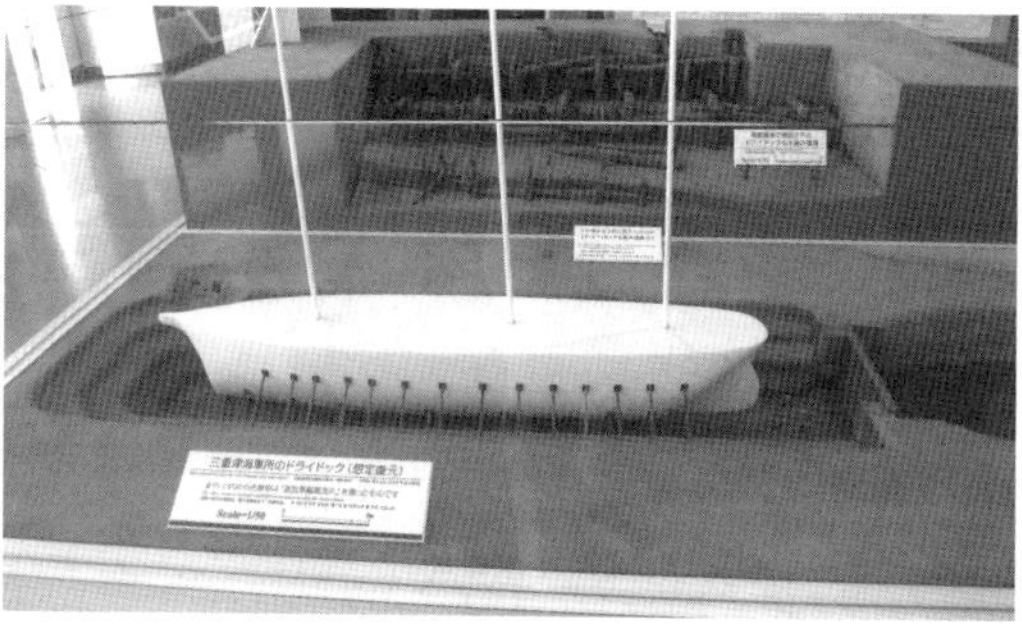
三重津海軍所の模型（佐野常民記念館）

三重津海軍所跡の全景

三、熊本藩家老有吉市郎兵衛、同藩士池辺啓太

秋帆のもっとも早い時期の門弟は、熊本藩士の池辺啓太《いけべけいた》（一七九八～一八六八）である。秋帆がだれよりも信頼した人物で、一八一六年（文化十二）に長崎に来て、まず蘭学者末次忠助《すえつぐちゅうすけ》（独笑　一七六五～一八三八）の門にはいり、ついで入門したのが秋帆の父高島四郎兵衛茂紀（一七七二～一八三六）であるから、相弟子ともいえる。

池辺啓太は弾道学に詳しく、高島流砲術確立の功労者であった。讒訴《ざんそ》された秋帆に連座して、四年間の牢屋生活も経験している。出獄した秋帆を迎えて、英龍が江戸芝新銭座の縄武館に西洋軍事学を開講したとき、啓太は名誉教頭に推されている。長崎海軍伝習所が開設されると、五十七歳の高齢にも関わらず、熊本藩を代表して入所するなど研鑽を積んだ啓太は、熊本藩の西洋科学技術の祖といわれている。

一八三七年（天保八）には、啓太の主筋にあたる熊本藩家老の有吉市郎兵衛《ありよしいちろべえ》が、啓太の周旋により秋帆に入門した。この年啓太は高島流奥義の免許を得ており、熊本藩の中枢にあった同家老が、啓太の行動と連携していたのはいうまでもない。秋帆は、同年に熊本藩のために臼砲を鋳造して、同藩の軍事力強化を支援している。

なお熊本県では、荒尾市《あらおし》の三池炭鉱（宮原坑、万田坑）および三池港と宇城市《うき》の三池

西港が「明治遺産」の構成資産となっている。三池西港は、長崎で洋風建築や石炭産業で活躍した晩年の小山秀之進《こやまひでのしん》（一八二八〜九八）が深く関わっている。

四、鹿児島藩砲術家成田正右衛門（鳥居平七）

天保九年（一八三八）二月、鹿児島藩砲術師範の鳥居平八（?〜一八四二）と弟の平七（一八〇三〜六四）兄弟が長崎に来て秋帆に入門した。同年四月には、長崎の小川町（現・上町）から出火して二十五カ町を焼く大火がおこり、大村町（現・万才町）の高島町年寄屋敷が類焼したため、居宅が小島（現・東小島町）に移ることとなった。この火事に際し、若い鳥居兄弟が消火や荷物の運び出しなどに懸命に立ち働いたであろうことが、記録にはないが想像される。

その前年の七月には米国船モリソン号が薩摩に来航し、異国船打払令によって、鳥居兄弟らがそれに向かって射撃している。しかし命中したのは一発で、それも損害を与えるに至らなかった。同藩用人の新納主税久品はその経緯を長崎奉行へ報告に行った際、秋帆から軍備近代化の必要を説かれ、オランダ製鉄砲一挺を贈られている。その結果、翌年の鳥居兄弟の長崎行きが決まり、兄弟は秋帆のもとで精励し、相伝の免状を得て帰国するのである。

天保十三年（一八四二）に兄弟は再度来崎して研究を深めるが、兄の平八は客死、平七が奥伝を得て帰り、鹿児島藩の西洋砲術の祖となった。同十月に秋帆の疑獄事件（長崎事件）が発生するや、鹿児島藩は幕府に「平七は行方知れず」と報告するいっぽうで成田正右衛門と改名させ、高島流も御流儀と呼ぶよう命じた。

嗣子の島津斉彬（一八〇九〜五八）は、とくに同砲術を熱心に奨励し、のちの薩英戦争において英艦に一撃（英国側司令官戦死）を加える遠因となった。それと関連して、斉彬が推進したのが鉄製大砲の鋳造などの集成館事業であり、その遺跡「旧集成館」他が鹿児島県での「明治遺産」の構成資産となっている。

五、盛岡藩製鉄鉱山技術者大島高任

岩手県釜石市にある「明治遺産」は橋野鉄鉱山であるが、その建設者が盛岡藩士の大島高任《たかとう》（一八二六〜一九〇二）である。

高任は、陸奥国（岩手県）盛岡藩侍医の長男として生まれた。江戸に出て蘭学を学んだのち、一八四六年（弘化三）には藩命により長崎に留学し、西洋砲術と兵法、鉱山採掘、精錬などを学んだ。このときの教師が、秋帆の留守を預かる長男の高島浅五郎（茂武　一八二二〜六四）や門弟の池辺啓太であった。

一八五三年（嘉永六）常陸国（茨城県）水戸城下に招かれた高任は、同国那珂《なか》郡湊《みなと》村（現・ひたちなか市）に反射炉を築いて大砲鋳造に成功する。そのおり、盛岡藩内の陸奥国閉伊郡釜石村（現・釜石市）の磁鉄鉱に目をつけ、洋式高炉を建設し利用した。その後、幕府の蕃所調所の教授となり、東北各地の鉱山開発に尽力することになる。

新政府において、高任は民部省鉱山司鉱山権正となって岩倉使節団に加わり、欧米の鉱山を視察し、欧州最古の鉱山大学フライベルク大学に留学して鉱山行政を習得した。帰国後は、官民の鉱山経営と監督に携わり、わが国鉱山産業の基礎を築いた。

長男の大島道太郎（一八六〇〜一九二一）も同大学に留学して父の跡を継ぎ、一九〇一年（明治三十四）には福岡県遠賀郡八幡村（現・北九州市八幡区）につくられた官営八幡製鉄所の初代技監となり、その建設を推進した。

当時のもので、いまに残る工場や事務所などが「明治遺産」の構成資産となったのである。

第二章

徳丸原での西洋砲術・兵式の大演習

—徳丸原は現在の東京都板橋区「高島平」団地—

東京都に「高島平《たかしまだいら》」と呼ばれる地域があるが、もとの名前は「徳丸原」であった。秋帆は「天保上書」を提出、幕府に対して砲術・兵式の改革を訴えた。幕府はこれを受けるかたちで、西洋砲術・兵式の演習をおこなう命をくだしたのであった。大衆までもが注目するなかでの徳丸原の演習を、秋帆はみごとに成功させた。

この功績が讃えられ、秋帆の家名の高島から「高島平」と呼ばれるようになったのである。

一、兵制改革を訴える「天保上書」の提出

一八三九年（天保十）から翌年にかけて中国ではアヘン戦争がおこった。英国海軍が舟山列島を占領し、広東《カントン》・厦門《アモイ》・寧波《ニンポー》などの諸港を封鎖し、清国の沿岸通商を不可能にした。

この事件の情報が、一八四〇年（天保十一）入港のオランダ船がもたらした風説書によって長崎奉行に伝えられ、それを知った秋帆は、同奉行に九月意見書を提出した。これがわが国のその後の兵制改革の原動力となった「天保上書」であり、要旨はつぎのとおりである。（有馬成甫『高島秋帆』より要約）

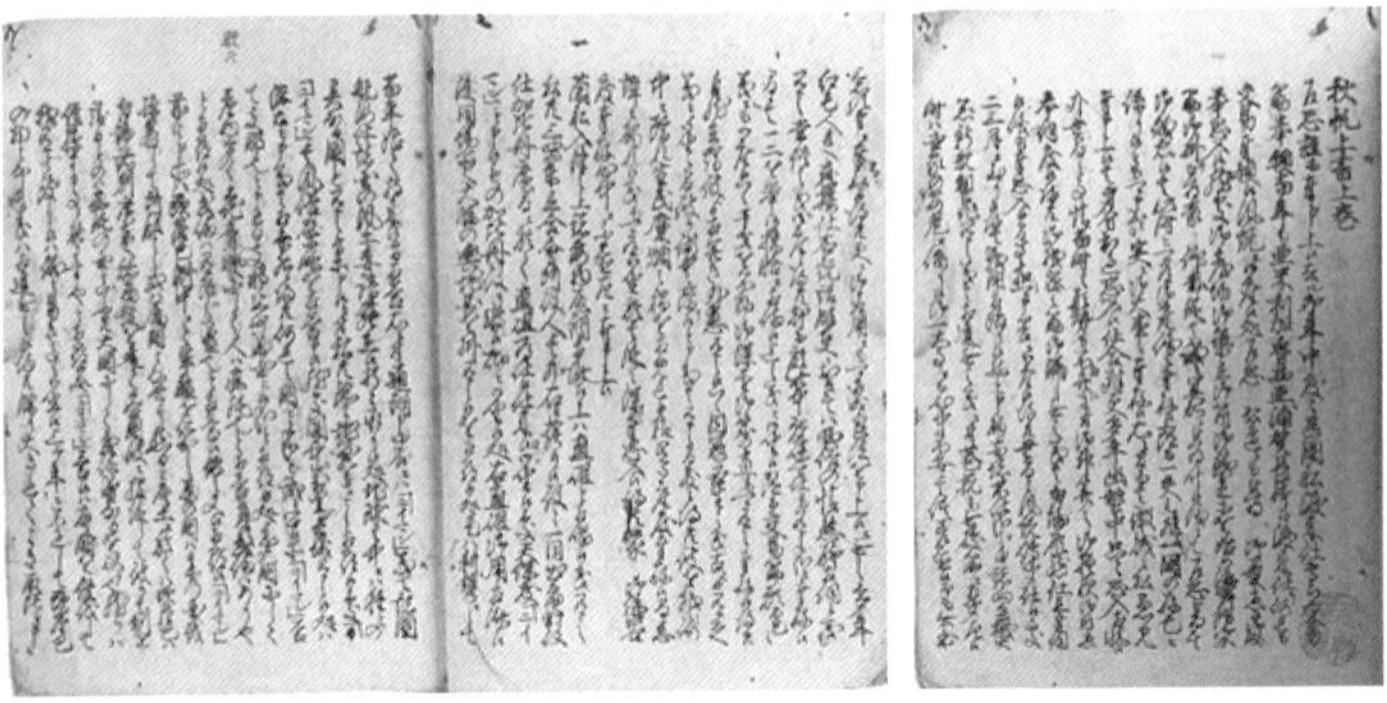

天保上書（長崎歴史文化博物館蔵）

○当年入航した紅毛船が提出した風説書に、イギリス船が広東において騒擾《そうじょう》した事件がありますが、これは在留唐船主の申立てとも一致しますので、事実と認められます。いまや国家の一大事と思われますので、平生の所存を申し上げます。

○西洋の蛮夷は、火砲と艦船の有利をもって武備の第一としており、なかでも砲術は護国第一の手段としてもっぱら習熟し、とくに近来戦争があいついでおこったため、砲術が一大進歩をとげています。イギリスは国が小さく、またこの戦争の名義も不正でありますから、勝味はないはずであります。ところが清国が大いに敗北し、イギリス方には戦死者ひとりもないというありさまであります。これはまったく武器が精鋭なことによるもので、オランダ人がかねて清国の砲術は子どもだましに等しいとあざ笑っているのが思いあたります。
○皇国は古来「神武赫耀《かくよう》」として諸蛮の畏服するところとなり、天文時代に小銃の伝来があり、今日も火術が盛んで万全の計が立っていると感じられるかもしれません。しかし今日諸家の火術は、すでに西洋では数百年前に廃棄した時代遅れのものでありますから、いかに外観が華やかであっても、国家の武備としては役に立ちません。万一この実情を「蛮夷」が知ったならば、侮りを招くもととなり、彼らの略奪を招かないとも限りません。
○とくに長崎は異国通商の地で、以上のような不慮の場合に厳重な処置ができるよう備えておかなければなりません。私どもまでもが砲術師範役を仰せつけられているのも、このためであると感銘いたしております。
○このため、国恩の万分の一にも報いたてまつろうと心をこらして諸家の術を修業しましたが、満足なことが得られず、その上「蛮夷」を防ぐには「蛮夷」の術を心得ていなくてはならないと思い、彼らの砲術を探索いたしましたところ、彼らが諸家の砲術を子どもだましに等しいとあざ笑っていることが無理ではないことと感じました。

○もちろん諸家の砲術が不精錬と申すわけではありません。しかし、古来砲術は危険なものとして高貴な方はこれに近寄らず、研究も習練も挙げてこれを賎しい者に委ねられた結果、ついには浪人の飯の種となりはて「皇国神武の比翼」などとは思いもよらないほどに堕落してしまっていることは、まことに困ったことであります。
○砲術は護国第一の武備でありますから、願うところは、ご明察によって天下の火砲を一変し、わが国の武備を充実し武威を引き揚げさせていただきたいと切望いたします。ついては近来発明のモルチール（臼砲・砲身が口径に比べ短く、射角の大きい大砲）その他をご採用になって、江戸表・諸国海岸・長崎等へ備え付けなさったならば、感激のいたりであります。
○なお当地奉行所の手勢も手薄でありますから、五組の者や地役人などにも平生武芸を奨励し、非常のときには防御部隊の補充要員にあてるようにしたならばいかがかと存じます。
以上は、広東での事件の発生に関連し、平生考えているところをそのまま申し上げた次第であります。

なにとぞご賢察のうえ、ご採用願えればありがたく存ずる次第であります。以上。

子（天保十一・一八四〇年）九月

長崎町年寄　高島四郎大夫

これを受け取った長崎奉行田口加賀守喜行（?〜一八五三）は、かねてより秋帆に非常な好意をもち、またその趣旨に賛成していたので、これを江戸に進達した。閣老水野越前守忠邦（一七九四〜一八五一）は目付鳥居耀蔵に諮問、耀蔵はこれを評議にかけて、つぎの要旨の答申をおこなった。

このころ西洋で用いるモルチール砲は、諸家が修業しているような命中をもっぱらにするものではなく、多人数のなかに打ち込んで火薬の猛威を振るわせることを主としている。これというのも西洋は儀礼の国ではなく、ただ厚利をはかり勇力を闘わせるだけで、わが国のように智略をもって勝利を納めるという兵法ではない。

そこで、ただ西洋で利用しているからといって、一概に信用することはできない。とかく俗情は新奇を好むという風があり、また蘭学者は奇を好む病が深い。これは火砲だけでなく、風俗・習慣にも及んでいる。そうなればその害も少なくないので、この点はご深慮願いたい。

広東騒乱のしだいも、結局は清国が二百年の泰平によって文華に流れ、武備廃《はい》弛《ち》していたのと反対に、イギリスは戦争に熟練していたため勝利を得たもので、火砲の利鈍によるものとは考えられない。

それなのに火砲の有利を頼み、わずかの地役人を指揮することくらいをもって、いっぽうのお備えと考えるような賤しい者の偏見などはご採用にならず、話にもならないと仰せ渡されるのが当然と思われる。

しかしながら、火砲は元来蛮国伝来のもので、おいおい発明のことがあるかもしれないから、これが諸家にだけ伝わって、幕府のほうでは知らないということになってはどうかと思われるので、以上の火器をお取寄せになったほうがよろしいと評議いたしましたので、このことを申し上げます。以上。

子十二月　　鳥居耀蔵

このような評定所の答申を得て、忠邦は、秋帆に江戸への出府を命じ、演習をおこなわせることになった。

二、徳丸原での西洋砲術・兵式の大演習

天保十二年（一八四一）町年寄として定例江戸参府の当番にあたっていた秋帆のもとへ、出立まぎわになって、異国筒（大砲や小銃）を持参するよう、またご見聞の内意が長崎奉行から伝えられた。

そこで、手慣れた者が多くいないと演習はできないと、長男浅五郎以下を引き連れ、一行二十五人が同年正月二十二日、大砲四門と小銃五十挺を持参して長崎を出発した。定例参府だけであれば手代三人、侍三人、小者三人、宰領一人を連れた計十人の人数であるが、このときは浅五郎、手代二人、侍二人、小者二人、門弟八人の十五人を加えて、二十五人の人数になった。

長崎村小島郷の高島別邸の、現在も残る石段を降りて街中を進む一行には、多くの見送り人がいて、秋帆にとって一世一代の晴れ姿であった。二月七日江戸表に到着し、持参した大砲や小銃を、さっそく江戸にある長崎奉行所へ納入した。

高島秋帆旧宅跡につづく階段

例年であれば二月十五日にお目見（将軍謁見）があるが、将軍に差し支えがあって、四月一日になると連絡がはいった。そして二月十二日には徳丸原で演習せよとの指令がくだり、あらかじめ情報が届いていたとおり、三月中に諸組与力格・長崎会所調役頭取に任命された。

三、編制された二個中隊

秋帆はただちに演習の準備にはいり、銃隊員の編制をおこなった。長崎から引率してきた地役人など二十七人に大坂で七人が加わり、三十四人となった江戸へ先行していた門人に、江戸において新たに入門した者もあわせて、二個中隊（コンパグニー）

現在の高島平駅周辺（日宇孝良撮影）

八十五人を編制した。その他を加え、演習に参加した具体的人物はつぎのとおりである。

名前　［役割］　所属・入門経緯等

○高島四郎太夫（秋帆）［下知方・第一銃隊長］諸組与力方・長崎会所調役頭取

○高島浅五郎［下知方・第二銃隊長］長崎町年寄見習

○市川熊男［第一銃隊副長］田口加賀守家来・市川一学倅

○野口善太夫［第二銃隊副長］長崎地役人（船番）

○山本清太郎（晴海）［予備副長・銃隊員］元長崎地役人（元船番）・幕末砲術家

○近藤雄蔵〔伝令使・馬上筒・銃隊員〕長崎地役人（長崎会所請払役並）
○柘植長次郎〔砲隊員・銃隊員〕長崎地役人（長崎会所請払役）
○大木藤十郎（野鶴）〔砲隊員・銃隊員〕長崎地役人（船番触頭）・幕末砲術家
○春禎助（老谷）〔砲隊員・銃隊員〕長崎地役人（長崎会所請払役助）
○福田秋太〔砲隊員・銃隊員〕長崎地役人（船番）
○加藤淳太夫〔砲隊員・銃隊員〕長崎地役人（船番）
○竹内卯吉郎（晴潭）〔銃隊員〕長崎地役人（船番）・幕末砲術家
○野口勘太〔銃隊員〕長崎地役人（船番助）
○尾上藤之助〔銃隊員〕長崎地役人（船番）
○大木藤三郎〔銃隊員〕長崎地役人（船番見習）
○木下勇之助（秋塘）〔銃隊員〕長崎地役人（今石灰町乙名）・画家
○浅井理三郎〔銃隊員〕長崎地役人（麹屋町乙名）
○上原百馬〔銃隊員〕長崎地役人（町使見習）
○荒木千洲〔銃隊員〕長崎地役人（唐絵目利）・画家
○品川梅次郎〔銃隊員〕長崎地役人（天文台詰通詞）

○城戸治八［銃隊員］高島家手代
○西田堅吾［銃隊員］内弟子
○横川喜野右衛門［銃隊員］同
○楢林嘉平［銃隊員］高島家手代
○楢林長重［銃隊員］内弟子
○三原愛次郎［銃隊員］長崎地役人（船番）
○井上東作［銃隊員］内弟子
○太田梁平［銃隊員］同
○柘植栄之助［銃隊員］同
○小川喜代次［銃隊員］同
○小野金三郎［砲隊員・銃隊員］右大将様奥医師小野桃仙院三男・下曽根塾入門
○工藤久平［砲隊員・銃隊員］御留守居松平内匠頭家来
○堀覚蔵［銃隊員］同
○出谷春馬［銃隊員］御進物番下曽根金三郎家来
○芹沢繁次郎［銃隊員］西丸書院番頭浅野遠江守組与力

○斎藤弥九郎［砲隊員・銃隊員］伊豆韮山代官江川太郎左衛門家来
○柏木荘蔵［銃隊員］同・長崎で秋帆直伝習
○斎藤三九郎［銃隊員］同・金沢藩導入の端緒
○山田熊蔵［銃隊員］同・長崎で秋帆直伝習
○岡田万蔵［銃隊員］同・長崎で秋帆直伝習
○岩嶋千吉［銃隊員］同
○秋山粂蔵［銃隊員］同
○大原安兵衛［銃隊員］同
○大原俊七［銃隊員］同
○山本移三郎［銃隊員］小普請支配戸塚備前守組留守居与力
○馬場斧三郎［銃隊員］牧野角五郎家来
○北川庫助［砲隊員・銃隊員］田口加賀守家来
○斎藤助之進［銃隊員］同
○市川登［銃隊員］同
○斎藤兎毛［銃隊員］同

○井上孝蔵〔銃隊員〕同
○小林文蔵〔銃隊員〕同
○久米井安蔵〔銃隊員〕同
○小島金蔵〔銃隊員〕同
○坂東孫兵衛〔銃隊員〕同
○小野道之助〔銃隊員〕同
○衣幡与市〔銃隊員〕同
○三橋源平〔銃隊員〕同
○大山善右衛門〔銃隊員〕同
○高須昇蔵〔銃隊員〕同
○野村鉄次郎〔銃隊員〕大番頭戸田淡路守組与力（畑村藩士）同藩導入の端緒
○野村鎌之助〔銃隊員〕同
○高木茂左衛門〔銃隊員〕同
○谷熊次郎〔銃隊員〕同
○有坂淳蔵〔砲隊員・銃隊員〕吉川尚五郎家来（岩国藩士）同藩導入の端緒

○有坂隆介［銃隊員］同
○井下彦四郎［銃隊員］同
○秋元宰助［銃隊員］水野越前守家来（浜松藩士）同藩導入の端緒
○村上定平（範致）［銃隊員］三宅土佐守家来（田原藩士）同藩導入の端緒
○兼松繁蔵［砲隊員・銃隊員］堀田備中守家来（佐倉藩士）同藩導入の端緒
○牧野兵馬［銃隊員］松平右京亮家来（高崎藩士）同藩導入の端緒
○牧野楠之助［銃隊員］同
○滝田岩之助［銃隊員］同
○市川貞吉［銃隊員］同・市川一学厄介
○塚本小八郎［銃隊員］松平安芸守家来（広島藩士）同藩導入の端緒
○須田三弥助［銃隊員］大村丹後守家来（大村藩士）同藩導入の端緒
○安部源三郎［銃隊員］酒井左衛門尉家来（庄内藩士）同藩導入の端緒
○田瀬速水［銃隊員］同
○伊東清［銃隊員］板倉周防守家来（備中松山藩士）
○丹羽作兵衛［銃隊員］松平肥前守家来（佐賀藩士）

○永淵藤五郎〔銃隊員〕同
○吉井七郎〔銃隊員〕松平大隅守家来（薩摩藩士）
○田土部勝全〔砲隊員・銃隊員〕水戸殿家来（水戸藩士）同藩導入の端緒
○吉野英臣〔銃隊員〕同
○近藤彦八郎〔銃隊員〕同
○富山岩之助〔銃隊員〕同
○久保忠四郎〔銃隊員〕同
○金子竹四郎〔銃隊員〕同
○関根伝次〔銃隊員〕同
○藤田右源太〔銃隊員〕同・山野辺兵庫家来
○金沢求馬〔銃隊員〕同
○河津孝之助〔銃隊員〕清水殿御付人河津三郎兵衛倅
○河津鍵之助〔銃隊員〕同上三男
○桐山弥助〔銃隊員〕内弟子（薩摩藩士）
○伴鉄吉〔銃隊員〕同（薩摩藩士）

○山本小吉〔銃隊員〕同（薩摩藩士）
○小川小左衛門〔銃隊員〕同（長崎）
○平山醇左衛門〔銃隊員〕同（佐賀武雄鍋島家家臣）同藩導入の端緒
○元川六兵衛〔銃隊員〕同（長崎）
○島田惣兵衛〔銃隊員〕同（長崎）

長崎から携行した二十ドイムモルチールおよびホウィツルの二門は人夫に据えつけさせ、秋帆親子みずからが発射することにした。また野戦砲三門は、門人を砲員（一覧表の砲隊員）として人夫四人ずつを配置した。

なお韮山代官江川英龍は、さきにその手代四人を長崎に派遣し秋帆の門下に入れていたが、みずからも研究したいと正式入門の許可願を幕府に二度にわたって提出するも、容易にその許可はおりなかった。

演習の二日前、三月七日に秋帆以下全員が、江戸の西北五里（約二十キロメートル）の武蔵国北豊島郡赤塚村（現・東京都板橋区赤塚八丁目）の曹洞宗寺院萬吉山松月院に集合して宿泊した。演習の場所は、松月院から約十町（一・〇九キロメートル）にある荒川

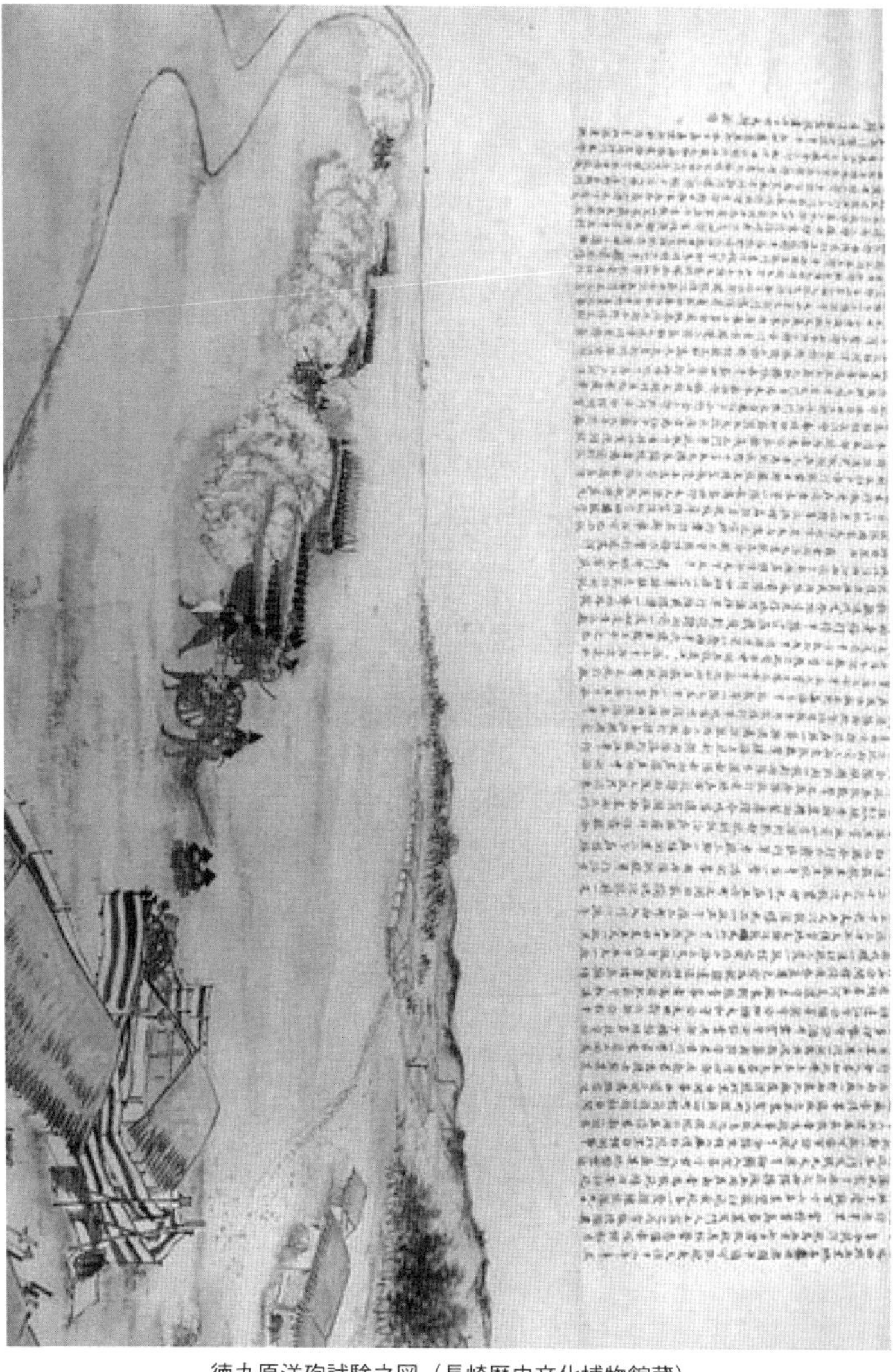

徳丸原洋砲試験之図（長崎歴史文化博物館蔵）

沿岸の低地徳丸原に決定した。この地は以前から大砲発射の演習地であった。

四、演習成功と術の伝授

編制された諸隊が前日五月八日に予行演習をおこない、いよいよ五月九日を迎えた。徳丸原の南隅には、監察使や幕吏および諸侯のために幕舎五張が張られ、諸隊は西隅に設けられた幕舎に集合し、見物人も大勢集まってきた。当日は諸侯のひとりとして平戸藩九代藩主松浦静山（一七六〇～一八四一）も現地に出かけ、大演習をつぶさに見守っている。

開始を告げるほら貝の音が響きわたり、臼砲が三発発射されて演習がはじまった。つづいてブラントコーゲル二発の連発、ホウィツルによる距離八町（約八百七十二メートル）の目標に向かって榴散弾二発、四町（約四百三十六メートル）の目標に向けてドロイフコーゲル一発がつぎつぎと発射された。

ついで騎兵の馬上銃射撃がおこなわれ、そして銃隊および野戦砲の発射がおこなわれた。三門の野戦砲は、銃隊の両翼に一門ずつ、一門が両中隊の中間に配置された。

まず横隊をつくり、左右に打ち方、後方へ打ち方、つぎに左へ陣形変換して打ち方、そして方形陣となり打ち方、着剣・二重陣となって突撃し打ち方、三重陣に変わり退却。横隊となり野戦砲を列の前に進め発射、ついで追撃に移り打ち方、後退輪容陣を作り打ち方、さらに横隊となり打ち方をもって演習を終わった。

この日の演習は、このようにすこぶる順調におこなわれ、大砲の射撃には一発の不発弾もなく、銃隊および野砲の操作も非常に巧妙円滑に実施された。

当日の隊員の服装は、指揮官である高島秋帆が、銀月の紋を付けたトンキョ帽に淡紅色の筒袖、筒袴をはいて采配をもち、副官市川熊男がかたわらにあった。第二隊長高島浅五郎は紺色の筒袖、筒袴に鞭をもち、隊員は同色、同種類の服を着用していた。参加人員は銃隊九十九人、野砲隊が人夫を含めて二十四人であった。

トンキョ帽（板橋区郷土資料館編『高島秋帆』より）

演習はとどこおりなく終わり、翌十日には部隊を解散し江戸に帰った。

幕府は、みごとな演習に対して閣老水野

松月院本堂（日宇孝良撮影）

忠邦が長崎奉行柳生伊勢守盛元（一七九五～一八五六）を通じ、秋帆に賞詞を伝達し、銀子二百枚を下賜した。また、秋帆の持参した臼砲およびホウィツル二門を五百両で買いあげることとし、火術伝来の秘事を、直参の者ひとりに限って伝授することを命令した。

そこで秋帆が幕臣下曽根金三郎信敦（一八〇六～七四）だけに伝授したところ、のちに忠邦から長崎奉行を通じて、金三郎ではなく韮山代官江川太郎左衛門英龍に伝授せよとの指令が届く。このときすでに金三郎へ伝授を終わっていたので、結局江戸ではふたりに免許を与えることになったのであった。

高島秋帆紀功碑（日宇孝良撮影）

なお幕府は、火術を諸藩へ伝授してはならないと制限したが、すでに西国諸藩へ伝えたあとであったので、空文にすぎなかった。その後の天保十三年（一八四二）六月にいたってこの制限も撤廃された。

　ここに高島流が天下にひろまる端緒が開かれ、江戸では、佐久間象山（一八一一～六四）、川路聖謨（一八〇一～六八）、大槻磐渓（一八〇一～七八）をはじめ門人が四千余人にのぼるにいたった。

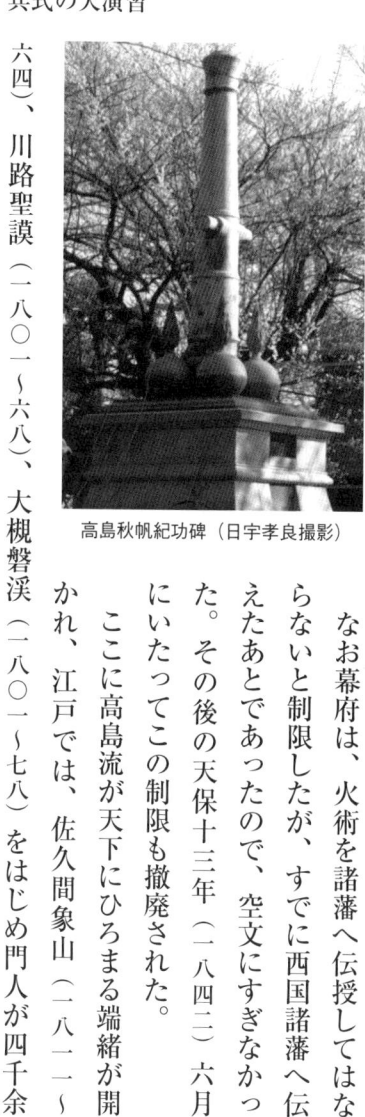

五、高島平での高島秋帆の顕彰

　この演習は、一般の人たちのあいだでも当時から大評判で、当日は見物人で徳丸原周辺は大賑わいであった。

　現在でも、秋帆らが宿泊した松月院の境内には、一九二二年（大正十一）建立された大砲の形をした「高島秋帆紀功碑」が記念として残されており、同寺院の松宝閣に

高島秋帆書屏風（長崎歴史文化博物館蔵）

は秋帆に関する貴重な史料が展示されている。肖像画の掛軸、愛用の脇差などのほか、つぎの掛軸などである。

○自画自賛の砲丸形茶釜図

保運遍の　釜打ちかけて　君が代は
　夢のたへまに　煮へ音ぞ聞く

○同じく墨竹図

竹の子は　親よりものびにけり
　その竹の子は　なほのびにけり

秋帆は、書画の分野でも優れた作品を残している。もともと書道は、職務上必要なものとして、長崎の地役人が幼いころから学習するものであった。西洋砲術家として世間に名をなすにつれて、書画を所望される

川原慶賀画（大正６年模写）高島秋帆像（松月院蔵）

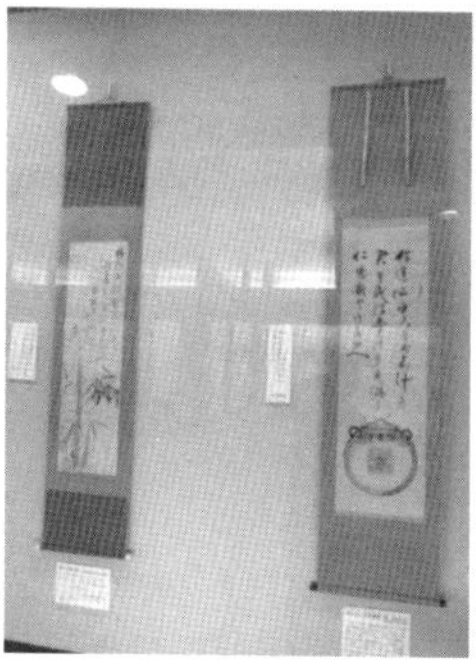

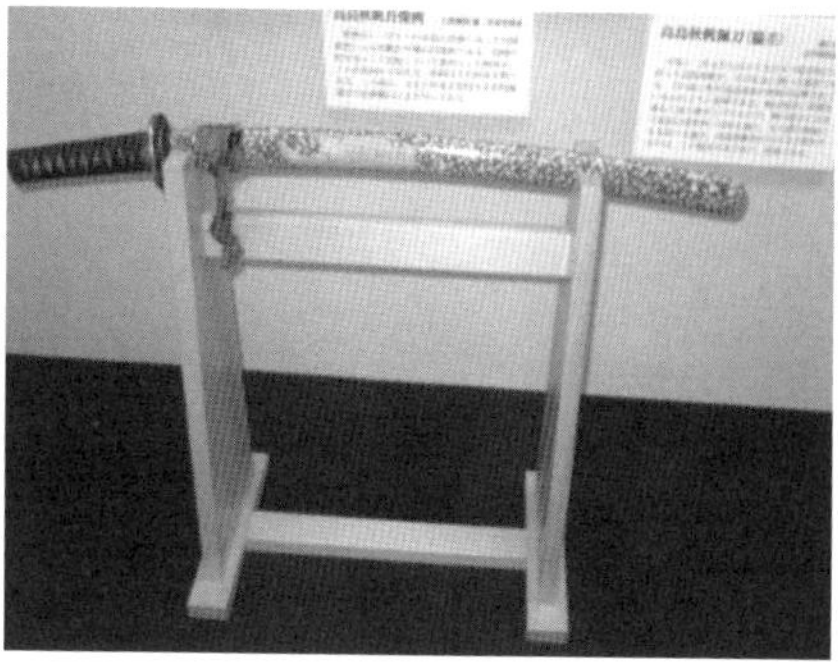

松月院松宝閣に展示されている自画賛掛け軸（茶釜と竹）と愛用の脇差
（日宇孝良撮影）

重ね四ツ目結の紋

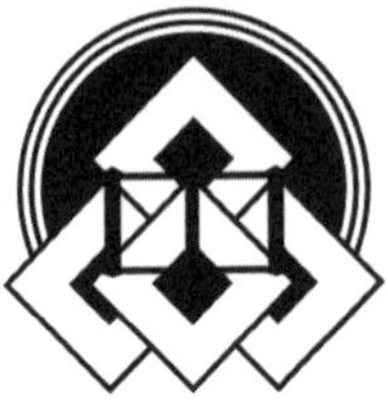

高島第二中学校章

機会が多くなった秋帆は、律儀な性格もあって、その道にも深く傾倒していったのだと思われる。

秋帆の書画は、長崎市や東京都など全国に残っている。長崎歴史文化博物館には、旧長崎市立博物館と旧長崎県立美術博物館から継承して、書幅、書屏風三幅、書額四面および絵画（猛虎図）一幅ならびに菓子鉢（亀山焼）一点の合計十七点の秋帆作品が所蔵されている。

これらを含め、東京都板橋区立郷土資料館編『集論・高島秋帆』収録の小西雅徳氏「高島秋帆の書画について（覚書）」には、九十五点の秋帆の書画について制昨年代・苗字号・用紙および内容・大きさ・所蔵者等が紹介されている。

徳丸原周辺には、昭和四十年代に秋帆にちなんで「高島平」と名付けられた団地が建設され、都営地下鉄三田線が乗り入れ、人口が現在約四万八千人にもなっている。

そして高島平二丁目にある板橋区立高島第二中学校校歌（昭和四十七年初代校長宇都

宮康則氏作詞）の一番には、「徳丸が原／秋帆の／その大筒のとどろきに／時代の朝をうち開く／歴史につづく名を負いし／高島二中われら」と、秋帆の名前が登場する。また高島平地区の小中高すべての公立学校の校章には、高島家の家紋「四ツ目結」がデザイン化されて使われている。

六、広瀬淡窓との交流

演習を成功裡に終えた秋帆一行は天保十二年（一八四一）七月十二日江戸を出立して、八月二十二日長崎に帰着した。この途中、馬関（下関）で日田《ひた》咸宜園《かんぎえん》主の広瀬淡窓《たんそう》（一七八二〜一八五六）と偶然出会い、歓談している。淡窓は、長崎の写真師上野彦馬（一八三八〜一九〇四）の恩師として知られ、門人がのべ四千人を超える豊後国（大分県）日田在住の儒学者であるが、秋帆を高く評価していて、つぎのような漢詩を秋帆に贈っている。

長崎の高（島）秋帆に寄す

瓊浦風煙入夢思　（瓊浦《けいほ》の風煙　夢思に入る）

君家未到也能知　（君が家に未だ到らざれども也《また》能《よ》く知る）
花開綺砌春來早　（花は綺砌《きせい》に開いて 春の来ること早し）
波映珠簾月落遲　（波は珠簾に映って 月の落つること遅し）
萬巻圖書文不識　（万巻の図書「文不識」）
四方賓客鄭當時　（四方の賓客「鄭当時」）
爲吾試問西來者　（吾が為に試みに問へ 西より来る者に）
禹城名流定是誰　（禹城の名流は定めて是れ誰ぞ）

［口語訳］長崎の風物を想い描けば、君の家にまだ行ったことはないが、早春石畳に咲く花、珠《たま》簾《すだれ》のようになって、いつまでも波間に映る月影といった風雅な風景が浮かんでくる。貴家にある万巻の図書に、多くの蔵書によって漢代に匡衡《きょうこう》という人物を大学者・大政治家に育て上げた偉人「文不識」を、また、貴家に四方から訪れる賓客に、貴賤の別なく客を受け入れたやはり漢代の偉人「鄭当時」を想起する。どうか私に質問してみてほしい。西方から来た人に天下に名だたる一流の人物はだれと思うか、と。（きっと貴君だとの答えが返ってくるであろう）

淡窓は、長崎出身の咸宜園塾生を通じて秋帆の兄久松碩次郎（一七九六～三七）の存在も知り、直接会ってはいないものの文通をしていた。同人を才子と評し、その四十余歳での死を惜しむ文章を、自伝『旧懐楼筆記』の一八三七年（天保八）の項に書き残している。

一八四二年（天保十三）みずから望み、秋帆からも勧められていた長崎遊覧が実現した。長崎案内を誘い水として、淡窓に自藩での出張講座を依頼した大村藩主が手配した結果である。しかし後述する長崎事件があって、秋帆は獄中で会えず、町中が恐れはばかる雰囲気で、強く願っていた出島や唐人屋敷への出入りもできる状況ではなかった。淡窓がその目的を達したのは、翌年に再遊したときであった。

第三章

「秋帆事件」と十年十カ月の幽囚生活

―不良地役人のさかうらみとねたみが発端―

演習を成功させた秋帆は、順風満帆に見えたが、大打撃を受ける事件が勃発し幽閉の身となってしまう。それは、蘭学嫌いの幕府大目付鳥居耀蔵《とりいようぞう》の策謀であった。江戸での厳しい取調べののち判決がくだり、秋帆は長期にわたる幽閉で不遇をかこつことになる。事件の発端は、不良長崎地役人のさかうらみとねたみであった。

一、長崎地役人の讒訴

天保時代には、渡辺崋山や高野長英ら蘭学者が処罰された「蛮社の獄」と、秋帆が関わる「秋帆事件」(「長崎事件」とも呼ばれる)というふたつの疑獄事件が起こり、その原因や讒訴の内容は、まったく同じ構造であるといわれる。どちらも、鳥居耀蔵の蘭学嫌いの感情とその極端に酷薄な性格が原因で、幕府高官の職権が乱用されたため、大事件に発展したのであった。結果は、前者が完全な悲劇に終わり、後者は張本人の耀蔵が失脚するという喜劇含みの悲劇となった。

事件の発端はこうである。元唐商売紅毛方取締であった本庄茂平次(辰輔)が罪を犯して入獄、のちに脱獄して長崎を出奔し江戸に出て、天保十三年(一八四二)正月には耀蔵の家来となっていた。同人とその養女婿の峯村幸輔、元唐通事でこれまた不届きのことにより追放された河間八平次（八兵衛）という三人の長崎地役人が、耀蔵に対して秋帆その他を讒訴した。

おそらく、秋帆らが彼らの不正を裁くのにかかわっていたことへのさかうらみ、あるいは秋帆一族の長崎における絶大な権勢や富裕への羨望、嫉妬の感情からの行動であったのであろう。

徳丸原大演習のために江戸へ出かける途中、大坂に到着した秋帆は、江戸にいる金子教之進から書状を受け取った。その要旨は「このたび出府の上は、奉行をとおして、つぎのとおり仰せ出されるだろうと、懇意の者から内々聞き込んだのでお知らせする」というもので、現実のものとなったことは前述した。

長崎町年寄諸役　高島四郎大夫
格別出精につき、諸組与力格に召し抱え、一代限り終身七人扶持を給し、長崎会所調役頭取を勤むべし

秋帆はこれを唐大通事の神代《くましろ》徳次郎（一八〇八～四九）にただちに通知した。意外な

ことに、これがのちになって罪科のひとつに数えあげられることになる。

当時の長崎会所調役は、福田安右衛門と久松喜兵衛の両名であった。秋帆はこれにつぐ立場にあったが、ここで両名を超えて単独で頭取という、いままでにない役に就任することになった。そのため長崎地役人のあいだでねたみの種となり、誣告《ぶこく》を受ける一因にもなったのである。

二、蘭学嫌いの幕府大目付鳥居耀蔵による告発

徳丸原演習は世間の好評を博したが、これを批判的に見る者もいた。幕府の鉄砲方井上左太夫がそのひとりで、検視役としての報告はつぎのようなものであった。

○馬上銃六発発射。実弾射撃でないから業前《わざまえ》はわからない。しかし取扱いは至極不出来。
○鉄砲備打は空砲なので業前不明。不発銃が相当あったように思われるが、一斉射撃であったため目立たないだけである。隊形変換や進退は立派に揃ったけれども、それは児戯に類するものである。

○野戦砲は空砲発射であり、業前は不明である。軽い大砲に各八人ずつかかったため操作はよかったが、これは無益の美というべきである。

以上から、私の所見をもってすれば、西洋砲術といっても日本在来の砲術に勝る点はないと思われる。

五月　　　　　　　　　　　　　　井上左太夫

また翌六月には、幕府鉄砲方の田付四郎兵衛と相談の上、「西洋の火器は効力が弱く『御用に立ち申し間敷《まじ》』く、また異体の服装をしてオランダ語を用いることはお差留めになるように」と上申した。

これらの批判と上申は、みずからの鉄砲方としての地位存立を心配することから出たもので、事実を曲げた根拠に乏しいものであったが、耀蔵一派の秋帆排斥の根拠とその背景となっていくのである。

長崎人三人の讒訴を受けた鳥居耀蔵が、秋帆を告発した罪状はつぎの五点であった。

①高島秋帆は、謀反の下心をもって、年来私財を投じて西洋銃砲を買い入れ、訓練をおこなっている。

②長崎小島郷にある秋帆の住宅は、一種の城郭になっていて、大小の銃砲を備えて籠城の用意をしている。
③会所の金を利用し、肥後から兵糧米を買いこみ貯蔵している。
④軍用金を得るため、バハン（密貿易）をおこなっている。
⑤密貿易をおこなうため、数隻の早船をつくっている。

告発を受けた閣老水野忠邦は、その処置をいかにすべきかを寺社奉行・江戸町奉行・勘定奉行・大目付・目付で構成される評定所に諮問した。燿蔵も江戸町奉行として参加していて、評議の結果申し立てどおり速やかに吟味することとなり、そのとおりに答申された。

幕府は、任地に向かおうとしていた長崎奉行の伊沢美作守政義（?～一八六四）にこの旨を通達した。燿蔵は、その年の三月に浦賀奉行から転任したばかりの政義を呼んで打ち合わせ、検挙の方針や処置等はいっさい燿蔵の指図どおりにおこなうこととし、目安方や会計掛、呈書掛ら七名の随員を燿蔵の配下から出し、また配下の同心を後発させることとした。

こうして政義は天保十三年（一八四二）八月に江戸を出発し、九月六日長崎に到着した。

三、検挙と入獄

長崎に着任した政義は、予定どおりに検挙に着手した。九月二十九日に唐通事の神代徳次郎を拘引し、十月二日には秋帆を捕らえて桜町にあった揚屋入りを命じた。長男浅五郎を町年寄の薬師寺宇右衛門（?〜一八五一）に預け、高島家手代城戸治八と杉森嘉平を投獄、こうして第一段の検挙を終わった。

この直後の十二月六日付けで、政義は耀蔵につぎの内容の私信を送っている。

九月朔日付のお手紙が十月四日に到着しました。ますます御勇壮のほど奉賀の至りに存じます。当方召し連れました組の者も、昼夜飲食を忘れて精勤いたしております。

広東一件は取調べいたしましたところ、やはり事実で、戦争も次第にエゲレス（イギリス）方が優勢となったことも相違ありません。当地のありさまはなかなか筆紙につくしがたく、僻遠の地とはいえ、こんなに徳化がおよんでいないかと嘆息の至りであります。

四郎大夫（秋帆）儀は権威増長し、しばらくも捨て置きがたい状況でありました。彼ら一味の横行悪事はあきらかなものでありますが、当地では吟味もできにくく、江戸においてお手にかけ、じゅうぶんのお取調べを願いたいのです。

四郎大夫儀は弾薬や火薬などを調製していまして、もし手おくれになれば容易ならないことになったと思われます。大塩平八郎（一七九三〜一八三七）などより人数が多く、大砲は二十挺余、小銃は数知れず、火薬は異国防御に託して山のように貯えております。居宅は、本宅へは住まわず、別宅の小島という険しいところに住んで要害を構え、「一夫守れば万夫も通ることあたは」ずというところに大砲を据えていますから、叛心は明らかであります。

今回は、不意に処置いたしましたからなにごともありませんでしたが、もし仕損じでもありましたら大変なことになったと思われます。彼ら一味が天草にでも立てこもりましたら、砲術門人と称する浪人者や、私恩をほどこした諸藩の者が集まるだろうと思われます。

彼の罪科は一朝一夕のことではなく、川（河）間八兵衛の申すとおりであります。

四郎大夫第一の罪は、いまだ発表されないうちより、与力格への進級を吹聴したことであります。つぎに、倅浅五郎の妻は代官高木作左衛門（忠篤一七九六〜一八四八）の娘であります。彼の身分で、御目見以上の者と縁組して平然としているなどは不都合千万であります。

会所銀札は毎月引き換えており、これはその筋よりも達せられたのですが、当年唐船の入航がないという理由でそのままにしておいたのも、罪は軽くありません。

当地四郎大夫召捕り後は人気も落ち着き、一統いずれも穏やかになりました。四郎大夫所持の書物に、「御本丸惣絵図」がありましたのでお送りします。それらは定めて蘭人に与え、かの国の珍物と交換したことに相違ありませんでしょう。長崎はじめての改革で、諸人の目を醒ましました。これよりおいおいに申し上げますが、乱筆ご免ください。

十月六日

崎　尹（長崎奉行伊沢政義）

市尹（江戸町奉行鳥居耀蔵）賢君

以上のことが記された書簡は、耀蔵失脚後にその屋敷から押収された書簡のひとつであり、このほか天保十四年（一八四三）五月二十七日までの七通の書簡がある。これによって、政義が耀蔵の意を受けて検挙・捜索をおこない、讒構《ざんこう》（でっち上げ）によって秋帆を謀反の罪におとしいれようとしていたことが明白になった。

捕らえられた秋帆や浅五郎のほか、重要人物とされた神代徳次郎、彭城清左衛門（一七九四〜一八六二）、西村俊三郎（一七八七〜一八五八）、横瀬大助、柘植長次郎、楢林嘉平、城戸治八ら十名は、政義の希望によって、江戸の耀蔵が直接取調べて判決をおこなうことになった。

秋帆らは、天明十四年（一八四三）正月十九日に長崎を出発して江戸に護送された。晴れがましかった二年前とはうって変わり、被疑者として長崎を出て行く一行を見送った家族と親戚や一般市民の心情は、さぞかし複雑であったろう。悲喜こもごも、しかしそれを表に出さない者が多かったと思われる。

この年には浅五郎の長男茂巽（太郎　一八四三〜六二）が生まれている。

同年十一月一日から六日にかけて長崎に滞在した前記広瀬淡窓は、町の様子を「長崎」と題する漢詩に残している。そのなかで、天保の改革による秋帆の入獄を頂点とする取締りに、役人も市民も息をひそめ、町中が火の消えたようになっている状況を記している。「政治には緊張と弛緩の交代がつきものだから、いつかはゆっくりした時代が来る。長崎市民よ、嘆息するのはやめなさい」と慰めた。

長崎

山廻地勢圻（山廻りて 地勢圻《さ》く）
人烟靄夕陽（人烟 夕陽に靄《あい》たり）
不圖窮僻境（図《はか》らざりき 窮僻《きゅうへき》の境）
忽見繁華郷（忽《たちま》ち繁華の郷を見んとは）
崎港夷夏會（港には夷夏会し）
奇観冠諸方（奇観 諸方に冠せり）
討探恐不偏（討探 偏《あま》ねかざらんを恐る）
應接寧辭忙（応接 寧《な》んぞ忙しきを辞せん）
登山望唐館（山に登っては唐館を望み）
棹水近蘭房（水に棹《さおさ》しては蘭房〈館〉に近かづく）

目眩玲瓏影（目は眩む　玲瓏《れいろう》の影）
心薫沈麝香（心は薫る　沈麝の香）
維時嚴新令（維《こ》れ時　新令厳しく）
械杻路相望（械杻《かいじゅう》〈手かせ足かせ〉路に相望む）
吏民多跼蹐（吏民多く跼蹐《きょくせき》〈身を屈める〉し）
羅卒自蒼黄（羅卒　自ら蒼黄たり）
夜街寂無語（夜街　寂として語無く）
風鐸猶丁當（風鐸《ふうたく》　猶ほ丁當たり）
居人休歎息（居人　歎息するを休《や》めよ）
自古有弛張（古より弛張《しちょう》有り）

四、江戸での取調べと判決

天保十四年（一八四三）二月、江戸に到着した秋帆ら一行は上伝馬町の獄屋に入れられた。取調べは遅々として進まない。わが国に切迫してくる諸外国の気配がしだいに強まるなかで、秋帆の事件に対する耀蔵の仕打ちがあまりにも「残忍酷薄」で「杜《ず》撰《さん》」とのそしりを免れなくなってきた。そしてその責任は、閣老トップの水野忠邦にまで及んだ。

弘化二年（一八四五）二月二十二日、忠邦はその職を辞めさせられ、三月十日には上使からつぎのようなお叱りを受けた。

其方儀、御役中長崎表の高島四郎大夫一件の取調べにつき、鳥居甲斐守に指図をいたし不正の吟味をいたしたること、重き御役を勤めながら身分をも顧みず不届きの至り、御不興に思し召されるとの上意である

鳥居耀蔵は江戸町奉行を辞めさせられ、三月に禁固の処分、十月には讃岐国（香川県）丸亀藩京極家に永預けとなる。その後三十年近い年月を幽囚のうちに送り、明治維新になって放免された。

忠邦に代わって阿部伊勢守正弘（一八一九～五七）が閣老となり、川路聖謨などが幕府の要職につき、長崎事件も再調査をおこなうことになった。一八四五年（弘化二）一月二十二日、寺社奉行久世出雲守広周（一八一九～六四）、大目付深谷遠江守盛房、

江戸町奉行鍋島内匠頭直孝、勘定奉行久須美佐渡守祐明、目付平賀三五郎（のち戸田能登守に交代）の五人に対し「吟味仕直し」が命じられた。

それにより、従来吟味されていなかった讒訴者たちも取調べられることになった。河間八平次は長崎の崇福寺境内で自殺し、峯村孝輔は江戸で、本庄茂平次は赤間ヶ関（下関）で、福田源四郎など四人は長崎で逮捕されて取調べられている。翌弘化三年（一八四五）春までにこれを終わり、同年七月二十五日に判決がおこなわれた。

それによれば、当初に耀蔵らが告発した謀反罪などはまったく姿を消し、どれも軽罪に属するものばかりとなった。さらに、天保十五年（一八四四）六月三十日、弘化二年（一八四五）三月二十七日、一八四六年（弘化三）一月十九日の入獄中三回の近火と牢失火の際には、解放ち後ふたたび立ち帰ったため、秋帆のほか、河間、本庄、神代、西村、山田、金子の以上七名は罪一等を減じられた。

秋帆の宣告文に示された罪状と宣告はつぎのとおりであった。

①身分の異なる代官高木作左衛門の娘を、倅の妻にもらったこと。

②肥後国石本勝之丞の借入銀子と気付かず会所役人にその使い方を指令したこと。

③身内昇進を奉行に内願し、その他家来に音物《いんもつ》を贈ったこと。

④唐船主である周靄亭の倅を反物目利駒作方に養子に遣わしたのを黙認したこと。

以上により、遠島申し付くべきところ、牢屋敷近火につき放ちやったところ立ち帰ったので、中追放に処し、安部虎之助（岡部藩）に預ける。

五、広範囲かつ軽微な罪状

このように、事件の張本人と目された秋帆の罪状さえ軽微なものであるから、ほかは推して知るべしである。しかしこの事件に関連して処罰された者は、讒訴側も含めて広範囲にわたっている。それは以下のとおりである。

［直参以上］

○御役御免差控

元長崎奉行　天保十二年（一八四一）在勤　伊沢美作守政義

○不行届、不束ニ候

同　天保十年（一八三九）在勤　戸川播磨守安清

○始末等不束

同　　天保九年（一八三八）在勤　久世幽居（広正）
同　　同　　　　　　　　　　　　田口加賀守喜行
長崎代官　天保十年（一八三九）在勤　高木作左衛門

○不束
奉行所役人　同　　　　　　　　　原田又四郎

［申渡（頭書之通）］
○中追放　　　　　　鳥居甲斐守家来　本庄茂平次
○百日押込（病死）　　水野采女家来　伊藤和五郎
○五十日押込　　　　伊沢美作家来　武田矢柄
○急度叱り　　　　　長崎役所付　中村儀三郎
○所払（病死）　　元長崎会所吟味役勤方　河間八平次
○江戸十里四方追放
長崎会所受払役並　伝之丞祖父・盛喜右衛門
○百日押込　　　　元長崎会所調役　福田源四郎
○中追放　諸組与力格・長崎役所調役頭取　高島四郎大夫

○中追放
唐大通事　神代徳次郎
同　西村俊三郎
○江戸十里四方追放
五島左衛門尉家来　山田蘇作
長崎御役所付　高尾恭大夫
船番　津田中五郎
○五十日押込
四郎大夫倅・長崎町年寄　高島浅五郎
○百日押込
松平右京亮家来・一学倅　市川熊男
細川越中守家来　池辺啓太
松平出羽守家来　宮次郡蔵
（中略）
○五十日押込
長崎町年寄　高木清右衛門
同　薬師寺宇右衛門
同　久松新兵衛
会所受払役　近藤雄蔵
○急度叱り
諸払役　内藤猷七郎

筆者　太市
○過料銭三貫文
長崎勝山町　政八
○三十日手鎖
寄合町ゑん抱遊女　初紫
○三十日押込
寄合町遊女屋　ゑん
○過料三貫文
同町乙名　高之進
○急度叱り

（以下略）

処罰された者は百五十人、その範囲は広く、ほとんど長崎市内一円の人々におよんでいる。不可解なのは、犯罪とされた事項が謀反といった重大なものはなく、軽微でしかも秋帆と関係が薄いものまで含まれていることである。幕府が体面を取りつくろうために、無理に出した判決であることが歴然としている。

結局「永預け」（終身禁固）というもっとも重い罰を受けたのは鳥居耀蔵であり、それに協力した伊沢政義を、長崎奉行経験者のなかで飛びぬけて重い「御役御免差控」という処分にしたこと、また、牢火災を口実に罪を軽くしようとしているところに、取調べと判決に携わった関係者の本音と良心がかいま見られるのが、多少の救いと

秋帆先生幽囚の地碑（日宇孝良撮影）

なっている。

六、お預け先岡部藩での生活

秋帆は、前記判決の結果、安部虎之助が藩主を務める岡部藩の領地（現・埼玉県深谷市）にあった岡部陣屋で幽囚生活にはいった。藩主は丁重にもてなし、砲術を教わることもあったという。これまでの牢獄生活に比べると、自由がきいて、おそらく読書三昧の毎日であったろうと想像される。

同地には一九三九年（昭和十四）建立の「秋帆先生幽囚の地」（渡辺金造書）と記された石碑がいまも残っている。

岡部藩は二万石、藩主安部氏は今川旧臣で三河半原（現・愛知県新城市富岡）に飛び地があった。明治維新直後には、藩庁を同地に移して半原藩と称した。同藩出身者として、明治の財界をリードした渋沢栄一（一八四〇～一九三一）が有名である。

秋帆は、同藩に嘉永六年（一八五三）八月六日に赦免されるまで約七年間滞在したとされるが、一説には嘉永二年（一八四九）八月に岡部藩主が秋帆を江戸藩邸に移すことを申請し、幕府がこれを聴許したとの記録があるという。これが事実とすれば、岡部滞在は約三年で、あとは江戸にいたことになる。そうなれば、英龍をはじめ門弟たちとの距離が近くなり、書物類の差入れとかなにかと便宜が与えられたであろう。場合によっては、それら門弟とひそかに面会していたかもしれない。釈放後の活発な活動を考えると、そのほうが自然とも思われる。

第四章

秋帆の先祖たち

―秋帆は高島本家第十一代、ご先祖も偉かった―

秋帆の生家である高島家は、十六世紀後半に近江国高島郡から肥前国藤津郡をへて、長崎に移り住んでいる。代々長崎の運営に携わり、政治や経済を支えてきた有力者として、ときに傑出した人物も出ていることから、のちに秋帆が生まれる下地は、ご先祖たちがつくり出していたといえる。

一、遠祖は近江国高島郡の領主

高島家の遠祖は、近江国（滋賀県）高島郡の領主高島河内守頼春とされ、北近江の戦国大名浅井長政（一五四五～七三）に仕えていた。一五七三年（天正元）織田信長（一五三四～八二）に背き、小谷城を攻められて浅井氏が滅亡したため一家が離散することとなった。

頼春の子である高島八郎兵衛氏春は肥前国（佐賀県）藤津郡に逃れ、一五七四年（天正二）に子の茂春を連れて開港間もない長崎に来住する。寺町皓台《こうたい》寺後山にある高島家墓地では、この氏春が初祖、茂春が初代としてまつられている。

・近江国高島郡滋賀県高島市

近江国高島郡は琵琶湖の北部、現在の滋賀県高島市で、近江商人や近江聖人として崇敬された陽明学者中江藤樹（一六〇八～四八）の出身地としても有名である。戦国時代から江戸時代にかけて、日本海に面する若狭から京都への十八里（約七十二キロメートル）の街道がとおり、若狭でとれたサバが京都に運ばれたので「鯖街道」と呼ばれた。第三高等学校（現・京都大学）寮歌「琵琶湖周航の歌」は、一八一七年（大正六）同校水上部（ボート部）員で岡谷市出身、当時二十歳の小口太郎（一八九七～一九二四）がこの地の宿で作詞したので、当地が誕生地とされている。本書が刊行された二〇一七年（平成二十九）が作詞百周年にあたっている。

・高島家の菩提寺、海雲山普昭皓台寺

高島家の菩提寺である曹洞宗寺院海雲山普昭皓台寺は、一六〇八年（慶長十三）亀翁良鶴（?～一六三六）が長崎の立山々麓に笠頭山洪泰寺を創建したのにはじまる。一六二六年（寛永十一）に朱印船貿易家の船本弥平次と梅野了庵の所有地が両名から寄付され、現在地（長崎市寺町）に移転した。

曹洞宗の大本山のひとつ吉祥山永平寺が、越前国（福井県）にあり、滋賀県高島市とほど近い。高島家が曹洞宗の晧台寺を菩提寺にしたのは、このあたりに理由があるのかもしれない。

二、長崎頭人、町年寄を務めた先祖たち

開港当時の長崎の町方は四人の頭人が支配していた。高島四郎兵衛茂春（了悦・良悦 ?〜一六二二）はそのひとりであり、ほかの三人は高木勘右衛門（作右衛門忠雄・了可 ?〜一六二九）、後藤惣太郎（宗印 ?〜一六二七）および町田宗賀（?〜一六三二）であった。頭人は、一五九二年（文禄元）に町年寄と名称が変わっている。

高島家代々は以下のように町年寄役を継承している。

○初代　四郎兵衛茂春（了悦・良悦）　町年寄在任　一五八七〜一六二二
○二代　四郎兵衛茂定（宗悦）　同　一六二二〜三六
○三代　四郎兵衛茂卿　同　一六三六〜七三
○四代　四郎兵衛茂村　同　一六七三〜九一

○五代　四郎兵衛茂程　　同　一六九一～一七一五
○六代　作兵衛音纓（緌）　同　一七一五～三三
○七代　四郎兵衛茂健　　同　一七三三～四七（町年寄見習一七二二～三三）
○八代　四郎兵衛茂矩　　同　一七四七～八三（町年寄見習一七四二～四七）
○九代　八郎左衛門茂真、　同　一七八三～九〇
○十代　四郎兵衛茂紀、　同　一七九〇～一八三六（町年寄見習一七九〇）

十代目の茂紀が秋帆の父親である。六代目の作兵衛音纓は先代茂程と縁つづきではなかったが、茂程の実子が幼年であったため、高木家から養子に入り町年寄に任命され、茂程の次男茂健を養子とした。

茂健は一七二二年（享保七）に町年寄見習となり、六代音纓が家を出ると同時に町年寄となった。引きつづき音纓は、当初は一代かぎりの町年寄に任ぜられ、音纓から四代目の作兵衛永喜から、世襲の町年寄が許される桜町（現長崎市役所の地）に屋敷をもつ、高島家別家をおこすことになる。したがって高島家別家の墓地に初代としてまつられて、本家墓地には七代の墓石がなかったのである。

なお高島別家は、初代作兵衛音纓から四代作兵衛永喜（?〜一八一四）をへて、八代八郎兵衛永知まで町年寄を務め、一八六八年（明治元）永知が長崎府取締役に転じたものの翌年解職となった。屋敷は桜町の現在の長崎市役所の場所にあった。

三、出島築造に資金を出した三代高島四郎兵衛茂卿

出島の完成は一六三九年（寛永十三）であるが、三代高島四郎兵衛茂卿は、その築造時に出資した出島商人二十五人のなかに名を連ねている。茂卿以外の出島町人を列挙すれば、つぎのとおりである。

○有馬休庵
○宮崎孫兵衛（今町乙名・糸割符年寄）
○伊予屋半三郎（堺の朱印船貿易家）
○平野屋善右衛門
○海老屋四郎右衛門（大坂出身、出島乙名）
○村山善右衛門

○大黒屋善右衛門（堺の朱印船貿易家）
○杉岡半左衛門（町乙名）
○大賀九右衛門（博多出身）
○高石屋惣右衛門（魚屋町乙名）
○加賀屋半右衛門
○橋本久兵衛（京都出身、京の銀座年寄橋本十左衛門一族）
○久松新兵衛（椛島町乙名・出島乙名）
○後藤庄左衛門
○高木作右衛門（町年寄・糸割符年寄）
○堀九郎右衛門（船大工町乙名）
○村田宗有（酒屋町乙名）
○高木彦右衛門（町年寄・糸割符年寄）
○山岡平吉
○平戸道喜（平戸出身、小曾根家の先祖）
○末次宗徳（博多出身、末次平蔵の子孫・最初の出島支配役）

○犬塚十右衛門（町乙名）
○肥前屋久兵衛
○角屋三郎右衛門（伊勢松阪出身）

　また茂卿は、一六四〇年（寛永十四）にはじまった島原の乱で長崎の警備に活躍した。乱が終結した翌年の一六四二年（同十六）には江戸に呼ばれ、乱鎮圧を指揮した老中松平伊豆守信綱（一五九六〜一六六二）から御上意、つまり将軍の意向として時服ならびに白銀百枚を賜っている。

四、父高島四郎兵衛茂紀

　高島家十代にあたる高島四郎兵衛茂紀（東明）は、九代茂真の実子ではなく、その弟の子であろうとされている。寛政二年（一七九〇）三月に養子にはいり、六月には町年寄見習を仰せつけられ、病気のため三十八歳で隠居した養父に代わり、十二月には町年寄になった。この養父は十四年後の一八〇四年（文化元）、五十二歳で没した。

　一七九三年（寛政五）には秋帆より五歳年上の長兄弥三郎が生まれるが、一八一二年（文化九）に亡くなる。一七九六年（寛政八）には秋帆の二歳年上の次兄、碩次郎（一八三七没）が生まれた。

一八〇二年（享和二）はふたたび町年寄に帯刀が許された年であるが、茂紀は三十一歳で、年番福田十郎右衛門（？～一七八一）のもとで副年番を務めている。

文化元年（一八〇四）九月、ロシア使節レザノフ（一七六四～一八〇七）がナデジュダ号で日本漂流民四人を乗せて来航し、通商を求めてきた。のちに長崎奉行となる目付遠山金四郎景晋（一七五二～一八三七）が対応して拒絶したが、その際茂紀は食糧や船舶修理材料等を供給する任務についた。梅香崎にできた仮滞在施設の建設などにも携わったかもしれない。その機会に、遠山や、遠山らと行動をともにしていた幕府役人の勘定吟味役大田直次郎（一七四九～一八二三）とも接触したことであろう。

この直次郎が、狂歌師として世間に名の知られた大田南畝・蜀山人・四方赤良である。諏訪神社境内に狂歌の碑がある。

彦山の　上から出る　月はよか　こんげん月は　えっとなかばい

当時数え年七歳の秋帆にとっては、レザノフの来航も、なにか大事件があったという記憶が残った程度のものであったろう。

一八〇五年（文化二）この年の貿易実務を指導監督する長崎会所調役は、薬師寺久左衛門と高木清右衛門忠郷（一七四九〜一八一二）のふたりである。後者は町年寄になって四十年、調役になって二十年という大ベテランで、会所商法改正によく勤めたというので、配当銀各二十六貫目をたまわった。茂紀と別家高島作兵衛永喜（？〜一八一四）はその係ではなかったが、調役を補佐してよく働いたとして銀十二貫目ずつをいただいている。

一八〇六年（文化三）に小島の雷丘、八剣《やつるぎ》社の隣に別荘を建てるために整地を開始し、十一月に上棟式をあげた。翌年完成した別荘が「雨声楼」あるいは「齢松軒」と呼ばれる建物で、この地がのちに秋帆の本宅となった。一千二百四十二坪（約四千一百平方メートル）もあった敷地に、あえて二階建てをつくったのは、そこから港を眺望するためと推測されている。

一八〇七年（文化四）茂紀は、長崎会所貿易で精を出して働いたと御褒美銀十枚を頂戴する。

高島秋帆旧宅跡（日宇孝良撮影）

文化五年（一八〇八）八月、イギリスの軍艦フェートン号がオランダの国旗を掲げて長崎港に侵入し、その責任を負って長崎奉行松平図書頭康平（一七六八〜一八〇八）が西役所で切腹するという衝撃的な事件が起こった。

同奉行の冷静な行動によって戦渦を免れた長崎町民は、総町をあげて大音寺に手厚く葬るとともに、翌年には諏訪社境内に康平社をまつってその恩に報いた。茂紀がその先頭に立って動いたであろうことは想像にかたくない。父親として、十一歳になっていた秋帆に対してさまざまな訓戒を垂れたであろうし、秋帆自身も心に期するものがあったろう。

五、砲術師範となった茂紀

これを契機に、港町長崎はあわただしくなっていく。防衛のため、鉄石火矢（大砲）十門を鋳造し、女神、神崎、高鉾島、香焼島の陰の尾とすずれに台場（新台場）を築き、承応二年（一六五三）平戸藩によって築かれた大田尾、女神、神崎、白崎、高鉾島、香焼島の蔭の尾と長刀岩《すずれ》の古台場を補強した。茂紀もなんらかの役割をもたされ、懸命に働いたことであろう。

十一月には、幕府が文書で通詞に対し、英語を学ぶよう命じ、あわせてロシア語と満州語も修業させた。その際茂紀も語学修業監督となり、唐通事八人を選んで満州語を学ばせている。十二月になると、年寄りたちの勉強では駄目だから、通詞の子どもたちを選んで学習させるよう指示があるなど、さまざまな試行錯誤がおこなわれた。

翌一八〇九年（文化六）には青銅砲十門を鋳造し、翌年は神崎（三門）、高鉾（二門）、香焼島の長刀岩（三門）と魚見岳（二門）の砲台が増築された（増台場）。

一八一〇年（文化七）荻野新流砲術家の坂本孫之進（一七五九〜一八四〇）が幕府の命で長崎に来て、翌年まで滞在している。茂紀は門人となり免許皆伝を受け、二年後には砲術師範となった。秋帆は当時まだ十二、三歳であるから、直接孫之進から教わるのではなく、まずは父から砲術を教わるのである。

なお、これに先立つ一八〇一年（享和元）には荻野新流砲術の流祖である坂本孫八（天山　一七四五〜一八〇三）が来崎、大村や平戸の諸藩に招かれて指導しているが、一八〇三年（享和三）長崎で客死して、晧台寺に葬られた。この墓には、有名な吉田松陰（一八三〇〜五九）や信濃国（長野県）で故郷が同じ歌人の島木赤人（一八七六〜一九二六）が訪れていて、同墓碑がのちに同寺大仏殿裏に移されて現存する。島木赤彦が一九二〇年（大正九）に訪れて詠んだ短歌二首。

坂本天山の墓に詣ず

青雲の　遠きを望み　至りける　人の命のいやはてどころ

思いつる　墓に詣でぬ　故郷の　信濃の人に　言告げやらむ

一八一一年（文化八）茂紀は、出島砲台の受持ちを命じられる。これにより茂紀と、つづいてそれを継承する秋帆が、規制の厳しい出島に日本人のなかでもっとも自由に出入りできることになり、西洋砲術などの研究をするのに大いに役立つことになった。

一八一三年（文化十）茂紀が「唐紅毛商売方改正」の改正を命じられ立案すると、それが評価されて、翌年には長崎会所調役に昇進した。さらに一八二一年（文政四）に長崎奉行立山役所の砲台も茂紀の受持ちとなり、翌年には会所貿易と非常の警備の功績により、七十俵五人扶持に昇格している。

唐人屋敷前の砲台も茂紀の受持ちとなった一八二三年（文政六）には、オランダ商館医としてシーボルトが来航した。翌年、茂紀の斡旋《あっせん》によって、シーボルトが診療や医学の教育のできる鳴滝塾が開かれることになった。

一八二八年（文政十一）「シーボルト事件」が起こるが、さいわい茂紀秋帆父子には累が及ばず、この年茂紀は長崎会所取締に登りつめる。

天保七年（一八三六）七月二十五日、茂紀は当時としては長寿の六十五歳をもって逝去したが、表向きは翌年の六月四日に病死として処理されている。その当時三十九歳だった秋帆は、病気の父の代理を務めるよう命じられ白銀十枚を下賜されており、翌年にも、茂紀がまだ生きているものとして同じく白銀十枚を頂戴している。

第五章

秋帆の誕生と兄弟たち

―三男に生まれながら高島本家を継ぐ―

秋帆が生まれた年は、対外的に難しい時期の最中であり、出島を中心に混沌とした情勢が繰りひろげられた。高島家は、次兄が久松家に養子入りしたのちに長兄が病死したため、三男の秋帆が家督を相続することになった。

一、秋帆の誕生は出島多難の寛政十年

高島秋帆は、寛政十年（一七九八）に高島家十代茂紀の三男として、長崎奉行所西役所（現・長崎県庁）にほど近い大村町（現・万才町）にあった高島屋敷で生まれた。通称は糾《ただ》之《の》丞《じょう》、のちに四郎太夫。名は舜臣《きみおみ》、字《あざな》は茂敦《しげよし》。「秋帆」は号である。同年の干支は戊午《つちのえうま》であるから、秋帆はうま年ということになる。

この年の三月六日、出島オランダ商館に火事があり、「カピタン部屋」ほか、住居十棟、土蔵三棟、役所詰所二棟が焼失している。在留オランダ人は一時西役所に避難した。奉行所は、茂紀ら出島商人に銀を貸与して家屋を建てさせ、八月完成している。

このときの経験から、再建したカピタン部屋には外階段が設けられた。したがって、秋帆が成人して出入りするカピタン部屋は、十九世紀初頭の姿で建築された、現在の復元建物そのままであることになる。

当時の商館長はヘンミー（一七四七〜九八）で、火が出た当時は江戸参府中で留守、四月二十四日帰途の遠州掛川（現・静岡県掛川市）で病死した。同地の浄土宗天竜寺に葬られるが、抜け荷に関係しており、その発覚を恐れての自殺という噂もあった。もしそれが事実なら、出島の火事にも関わっていたのかもしれない。

さらに十月十七日寄帆のオランダ船、じつはアメリカ傭船イライザ号が、高鉾島の瀬で座礁して翌朝引き舟で木鉢浦まで連行されたが、輸出銅と樟脳を多量に積んでいたため沈没する。まさにオランダ商館はご難つづきであった。

この年、のちに長く商館長を勤めるドーフ（一七七七〜一八三五）が、二十一歳でバタビアに来て商館筆者頭に任命された。翌年にはアメリカ傭船のフランクリン号で着任するが、厳しい出島の情況をバタビヤ総督に報告するため、そのまま引き返している。オランダ本国自体は、その三年前からフランス革命軍に占領されており、バタビヤ共和国が建設されてわずかに命脈を保っていたのであった。

のちに関わりを持つシーボルトが、この二年前の一七九六年（寛政八）にドイツのバイエルン王国の学都ヴュルツブルグで生まれているので、秋帆の二歳年上となる。

秋帆が誕生した寛政十年（一七九八）の在勤長崎奉行は、十月までが松平石見守《いわみのかみ》貴《たか》強《ます》（一七四二〜九九）が務め、それ以後が朝比奈河内守昌始《まさもと》（一七四三〜一八二七）であった。

貴強は五十六歳と高齢で、前年に大坂町奉行から転任、この年勘定奉行を兼任して、翌年再度九月着任するが、十一月二十五日長崎で客死する。高島家の菩提寺である寺町の曹洞宗寺院海雲山普昭晧台寺に葬られた。境内には現在も、遠山左衛門尉景晋《かげみち》長崎奉行の実兄で、同じく長崎奉行を務めた永井筑前守直廉（一七三九〜九二）と並んで立つ墓を見ることができる。

昌始も高齢で、佐渡奉行から転任時五十五歳であったが、こちらは大目付・西の丸留守居に出世して、八十四歳まで長生きしている。

晧台寺においては、この年六月、寄合町筑後屋お抱え遊女花園と住所不明の僧侶が心中するという事件がおこるが、関係者はお構いなしとなっている。

これら奉行の埋葬や心中事件について記録はないものの、同寺の大旦那である茂紀が、さまざまに世話をやいたであろうことが推察される。

二、長兄は早逝、次兄は町年寄久松家に養子

秋帆の長兄である弥三郎（茂喬）は一七九三年（寛政五）に生まれ、文化十四年（一八一七）十月十日に二十五歳の若さで没した。同じ日に母の武品子（?〜一八一七）も亡くなっていることから、特別の事情があったのかもしれない。

秋帆にとって次兄にあたる碩次郎がこの三年後の一七九六年（寛政八）に誕生、同じく町年寄を世襲していた久松家の養子となった。

久松家は当時二家あった。

碩次郎が養子にはいった久松家は、一六九九年（元禄十二）に長崎の内町外町の区別が廃止されたとき、外町常行司の久松善兵衛忠辰が、同職の福田伝次兵衛重好（?〜一七一六）とともに町年寄に任じられ、町年寄が従来の四人制から六人制になったときにはじまる。

翌年の深堀騒動で高木彦右衛門貞親（?〜一七〇〇）が殺害されて高木家が廃絶、その西浜町の屋敷（一千三百八十四坪＝約四千五百六十七平方メートル）を拝領した。以来本家は十一代にわたって町年寄を勤めて、最後の若三郎に至っている。

碩次郎はその八代目で、墓碑には碩次郎定碩とあった。歴代当主はつぎのとおりで

ある。同家墓地には、かつては三十五基もの墓碑があったが、現在では整理され、碩次郎の養父である七代善兵衛忠恒（天保十三年〈一八四二〉没）の墓碑一基を残すだけである。

○初代　善兵衛忠辰　町年寄在任　一六九九～一七〇六
○二代　市右衛門忠昭　同　一七〇六～一二
○三代　善兵衛茂政　同　一七二九～四七
（町年寄見習一七二六～二九）
○四代　喜兵衛忠廉　同　一七四七～五四
○五代　善兵衛忠衹　同　一七五八～九〇
（町年寄見習一七五四～五八）
○六代　善兵衛定寿　同　一七九〇～一八〇一
（町年寄見習一七八九～九〇）
○七代　善兵衛忠恒　同　一八〇一～一五
（町年寄見習一八〇〇～〇一）

○八代　碩次郎定碩　同　一八一五〜三七
○九代　新兵衛定益　同　一八三七〜？
○十代　善兵衛忠愃　同　？〜一八六三
○十一代　若三郎　同　一八六三〜六八

碩次郎は一八三七年（天保八）に四十一歳の若さで死亡し、弟である秋帆の次男が跡を継いだ。九代新兵衛定益である。同人は「長崎事件」に連座し、「五十日押込」の刑を受けている。

他方、久松土岐太郎忠真を祖とし、興善町に屋敷をもつ久松家が別にあった。同家は、一七七〇年（明和七）同人が町年寄役末席に任じられ、さらに一七八七年（天明七）一代限りの町年寄となって十人扶持を給されたことにはじまる。当主は以下のとおりである。

○初代　土岐太郎忠真　一代町年寄　一七八七〜八九
（町年寄末席一七六六〜八七）

○二代　平三郎忠倫　　同　　一八〇〇～〇三
（町年寄末席見習一七八九～九二、町年寄末席一七九二～一八〇〇）
○三代　喜兵衛忠豊　町年寄（世襲）一八二二～三一
（町年寄見習一八三一～三三）
○四代　金之助忠篤
○五代　蟻次郎忠清　町年寄　一八三四～三七
○六代　土岐太郎忠功　同　一八四七～五七
（町年寄見習一八三八～四七）
○七代　土岐太郎忠誨（寛三郎）同　一八五七～六七
（町年寄見習一八五三～五七）

世襲の町年寄は三代目からとなる。七代は、寛三郎の名前で慶応元年明細分限帳に町年寄との記録があるが、一八六七年（同三）長崎奉行支配調役並となり、一八六八年（明治元）長崎府取締役に任じられるも同年解職された。

本蓮寺にあるこちらの久松家墓地も、十八基あった墓碑が一基だけになっている。

第六章

秋帆の若き日々

―父親とオランダ商館関係者が砲術の師匠―

若き秋帆は、オランダ商館に出入りして砲術を学び、さらには蘭書を収集して蘭学研究にいそしんだ。やがて習得した砲術を実践するために武器を輸入し、軍事の最先端を極めていく。こうして確立されたのが高島流砲術であり、数多くの門下生を通じて諸藩に伝わり、広大な流派を形成していくのである。

一、父親とオランダ商館関係者に砲術を学ぶ

秋帆の最初の砲術師範が父の茂紀であったことは、前述のとおりである。その上に西洋の砲術を重ね合わせて成立したのが高島流砲術であった。

では西洋砲術を教えたのは、だれであろうか。明白な記録がなく、長いあいだ謎とされていたが、それを研究して断定したのが『人物叢書・高島秋帆』（吉川弘文館刊）の著者有馬成甫（一八八四～一九七三）である。同氏は、文政六年（一八二三）七月にシーボルトらを伴って商館長として来航した、陸軍大佐のスチュルレル（一七七六～一八五五）であるとする。

オランダで生まれたスチュルレルは、十四歳で砲手として陸軍に入隊し、ナポレオンのロシア侵攻に従軍した経験をもつ歴戦の勇士であった。江戸参府の際には、当時

書物奉行兼天文方筆頭であった高橋景保（一七八五～一八二九）にナポレオンの興亡を話している。シーボルトとは、江戸参府中の同人の自由勝手な行動に憤慨し、仲たがいをしている。

スチュルレルは一八二七年（文政十）後任者と交代してバタビヤに帰るが、その後シーボルトが禁制品を国外に持ち出そうとして発覚した「シーボルト事件」の監督責任を問われて「渡航禁止」処分を受けた。日本では罪人になったことから、秋帆も後年その名を表に出さなかったと推察されている。高橋景保はこの事件で獄死した。

スチュルレルに教わるきっかけをつくったのは父の茂紀であり、それに従って秋帆も加わったとされるが、当時秋帆はすでに二十五～二十九歳になっているので、二人一緒に協力しあって学んだということであろう。

いっぽうでスチュルレルに断定することに疑問をはさむ方もおられる。地元の歴史研究家の松尾龍之介氏は、有馬が否定した商館員のフィレネーフェが軍医であったことや、秋帆の言葉とされる「カピタン部屋へ砲術を心得ている紅毛人を呼び出して通詞をもって質問しました」に着目し、同人の可能性もあるとされている。

いずれにしても秋帆が、ほかの人よりも自由に出入りができた出島において、オランダ商館関係者から教わったことは間違いない。

二、蘭学の研究と蘭書収集

オランダ通詞ではない秋帆は、オランダ語を習得していなかった。しかし当時オランダ語に通じていない蘭学者は結構いたので、秋帆も蘭学者と呼んでいいとされる。

秋帆は出島に出かけてはオランダ人にさかんに質問したようで、三十三カ条の質問内容を詳述した文書がハーグの文書館に保存されているという。その最初にある砲弾への質問は、ナポレオン戦争後に発達した破裂弾・柘榴弾・照明弾・焼夷弾に関する、当時欧州でも最新の砲術研究の核心をつくもので、秋帆の眼識の非凡さを示している。

秋帆はまた、蘭書の収集にも力を注いでいる。多くは輸入によるもので、長崎会所の重役として貿易に関する権限と責任をもっていた、父の茂紀や兄の久松碩次郎の全面的な協力がなくてはできなかったことである。

現存する注文書によれば、実際に輸入されたかどうかは不明なものの、つぎのとおりである。

（一）一八三四年（天保五）
○歩兵操典、各個、中隊及び大隊教練。散兵の隊形変換・問答書付属
○ヘースワイド著『射撃用剣付銃に関する教範』
（二）一八三五年（天保六）
○『国民自然科学』
○『ウェイランド辞書』
○『海上砲術全書』
○砲術に関する良書の紹介
（三）一八三六年（天保七）
○一八二五年以後の砲術書
○その他、オランダ商館長ニーマン（一七九七〜一八五〇）から贈られた書物として、セッセレル著『主要火工品製造に関する便覧』がある。

一八四二年（天保十三）に逮捕された際、所蔵の蘭書全部が押収されるが、その目録によれば、所蔵蘭書はつぎのとおりである。

○『マーリン字書』（一七三〇年）　大小二巻
○『ウェイランド字書』一部六巻
○『ラテン字書』一部一巻（原書不明）
○『ウェイランド諸術芸字書』同一巻（現存するものは一八四六年版）
○『マルチン字書』大小同一巻
○『イペイ分析術書』（一八〇三年）一部九巻
○『カステレイン分析術書』（一七八五〜八八年）同三巻
○本草図譜　横本同一巻（原書不明）
○『セッセレル火術書』同一巻　但六部有之（前述ニーマン寄贈書籍）
○『海上砲術書』（一八三二年）同一巻
○鋳大小砲を記す書　二部　但、一部は一巻画折入有之、今一部は大本にて画図一巻、別に一巻とす。（原書不明）
○和蘭本国の鉄の論　一部一巻
○フンンキ解剖書　一部　一巻（原書不明）
○歩兵の大将の手引二冊（原書不明）

○軍中必用袖珍本　一部一冊　但二部有之（一八三九年版現存）
○サファルト氏著『築城寨説』（一八二七～二八年）一部二冊　但三部有之
○フォン・デッケル著『歩卒騎兵鉄砲の三件の心得を記したる書』（一八三一～三三年）
但二部有之
○ハステウル著『兵学書』（一八二五、二六、二七年）一部三冊
○ヘウセル著『軍卒手引書』（一八三四、三五、三六年）一部三冊
○ヒュギュエニン著『焼紅弾説』一部一冊　但三部有之
○ヒュギュエニン著『踴射之説 即重冲説』（一八一八年）一部三巻
○サウサイー砲術字書　一部一冊（原書不明）
○ネッテン馬書（一八一七年）一部二冊
○スキルトホウウェル著『火薬製法説』（一八一八年）一部二冊　但五部有之
○シカルンホルスト著『袖珍兵書』（一八二三年）一部一冊
○スチールチース著『石火矢台造法説』（一八三二年）一部一冊
○フォン・デッケル著『小戦記』一部一冊（原書不明）　以下略

以上でわかるとおり、秋帆収集の西洋文献は、砲術・兵法の各分野のほか、語学・自然科学・医学書など多岐にわたり、幕府や諸藩にしても、これに勝るところはなかったであろう。

三、西洋武器の輸入

秋帆の西洋軍事学研究は文献だけによるものではなく、実物を入手して、これを実地に演習・訓練したのであった。秋帆が輸入しようとした西洋武器の種類と数量は、オランダ船で来航する乗組員や乗船者個人の荷物として限定的に認められた、いわゆる「脇荷」貿易による注文書に表れている。

日本側でもこれができるのは、将軍、外国奉行、長崎奉行、長崎会所の一部関係者等に限られていたが、ここでも本人や兄その他親族の特権が役に立ったのである。

これらの注文書から、秋帆が、みずからや親族ほかの名で輸入したと思われる西洋武器等はつぎのとおりである。

〔一〕一八三二年（天保三）の注文書

〔名義人〕本人・高島四郎大夫（秋帆）

○モルチール　一門　十六ポンドを発射するもの、ただし最新式照準器つき

○空ボム弾　十個

〔二〕一八三四年（天保五）

〔名義人〕本人・高島四郎大夫（秋帆）

○十六ポンドボムまたはグレナード弾鋳型　一個

○歩兵銃　二十五挺　付属品つき

○十六ポンド砲空弾　二十発

○弾薬包　十発

○兵書　二種

○望遠鏡　一個　至急入用

〔名義人〕兄・町年寄久松碩次郎

○三ポンド野砲の弾丸　百発

○歩兵銃　二十挺　付属品つき

○閲兵式用ラッパ　一挺
〔名義人〕同僚・町年寄福田安右衛門（重裕）
○歩兵銃　三挺　銃剣および付属品つき
○双銃身ヤーゲル
（三）一八三五年（天保六）
〔名義人〕本人・高島四郎大夫（秋帆）
○導火管　百ダース
○ピストン（碑管）製造器具　一組
○海上砲術全書　一冊
○砲術に関する良書紹介　一
○酒石酸　一カット
○弾薬包　五十個
○帆布　二巻
○火打石を切る鋼鉄の器具　一個
○最良のクロノメーター　一個　携帯用

○銀笛　一個　軍用のもの
○ヤーゲル銃　二挺　軍用　付属品共　至急入用
○ホウィツル十六ポンド　一門　付属品共　至急入用
○ホウィツル用グラナード弾　二十発　至急入用
〔名義人〕兄・町年寄久松碩次郎
○最良の望遠鏡　一台　脚とも
○歩兵銃　十挺　付属品とも
○三ポンド砲弾用鋳型　三個
〔名義人〕親族・町年寄高島八郎兵衛（永知）
○スナッパーン　五挺
○双銃身スナッパーン　三挺
○火打石　五百個
○マッチ導火管　百ダース
〔名義人〕親族・町年寄久松喜兵衛（忠廉）
○望遠鏡　二挺

○マッチ導火管　百キスト
〔四〕一八三六年（天保七）
〔名義人〕本人・町年寄高島四郎大夫（秋帆）
○望遠鏡　一個　最良品　脚とも　百八十二
〔名義人〕同僚・福田安右衛門（重裕）
○ピストル　一挺　付属品とも
○歩兵銃　三挺　銃剣つき

以上の注文書でわかるように、秋帆が非常な熱意をもって、西洋最新の大砲・小銃とその付属品、製造機具に加えて、これらに関する参考書などを入手していたことが明らかである。兄久松碩次郎ら親族はもとより、その一部同僚の町年寄たちまでが、西洋最新武器の研究や実用化の必要性を理解し、同調して協力していたことも知ることができるのである。

四、輸入品転売による資金調達

武器が高価なことは、むかしもいまも変わらない。しかも前述のように、当時の最新兵器を輸入したのであるから、その代金が膨大な額にのぼったであろうことはいうまでもない。秋帆はこれに要した資金を、どのようにして調達したのであろうか。

本人は「私財を投じた」「家財を蕩尽す」と年譜などに書いているが、高島家が貧窮した形跡は見あたらないし、その目立った富裕さが一部長崎地役人の羨望と嫉妬を招き、のちの讒訴事件に繋がっていったともいえるのである。

資金の調達方法としていわれているのが、つぎの四点である。

①輸入品の転売
②諸藩や幕府のための大砲の鋳造
③地位と信用を利用してのさまざまな商取引への関与
④高島家、久松家など関係者の協力

まず①「輸入品の転売」について考察してみる。町年寄として前記脇荷貿易が許されていた秋帆は、輸入した武器類のほか薬品・時計・望遠鏡等を、薩摩藩・佐賀藩・熊本藩・田原藩といった門人のいる諸藩へ、門人を介して原価の三倍にもなる代価で転売していた。これは恐らく父親の時代からおこなわれたのであろう。

高島家はもとより町年寄たちは、脇荷貿易によって、それぞれがかなりの財をなしていたと考えられる。各藩の門人を多く抱える秋帆は、その人脈を活用してそれを大掛かりに実施できたのである。

史料の残る具体的実例を以下に示してみる。

薩摩藩—長崎在勤の同藩聞役（代表者）奥四郎を相手に
○袂時計（懐中時計）一個　代銀五貫二百四十目（元代銀一貫五百目）にして八十両
○星目鏡（天体望遠鏡）一本　代銀三貫五百目（元代銀一貫目）
○あんへら（アンペラ・草でできた敷物）二十枚　代銀三百目（元代銀三百目）

佐賀藩—同じく同藩聞役嘉村源左衛門を相手に
○剣付筒（鉄砲）三十挺
○玉鋳型　一挺
○火打石　三百
○星目鏡　一本

○焔硝　三桶

前述した門人の韮山代官江川英龍を相手に

○剣付鉄砲　二十四挺

○火打石　五百

田原藩─門人の同藩士村上範致を相手に

○剣付鉄砲　九挺

熊本藩─同藩聞役小嶋権兵衛が相手であるが、買い取りは前記門人の池辺啓太

○ボンベン　一個

○火打筒　四挺

○火打筒添早合胴乱　二十一個

○火打筒からひ皮　二筋

○早合胴乱皮緒　一筋

○火打筒金具廻し　二個

○ボンベン　三個

○火打筒　六挺

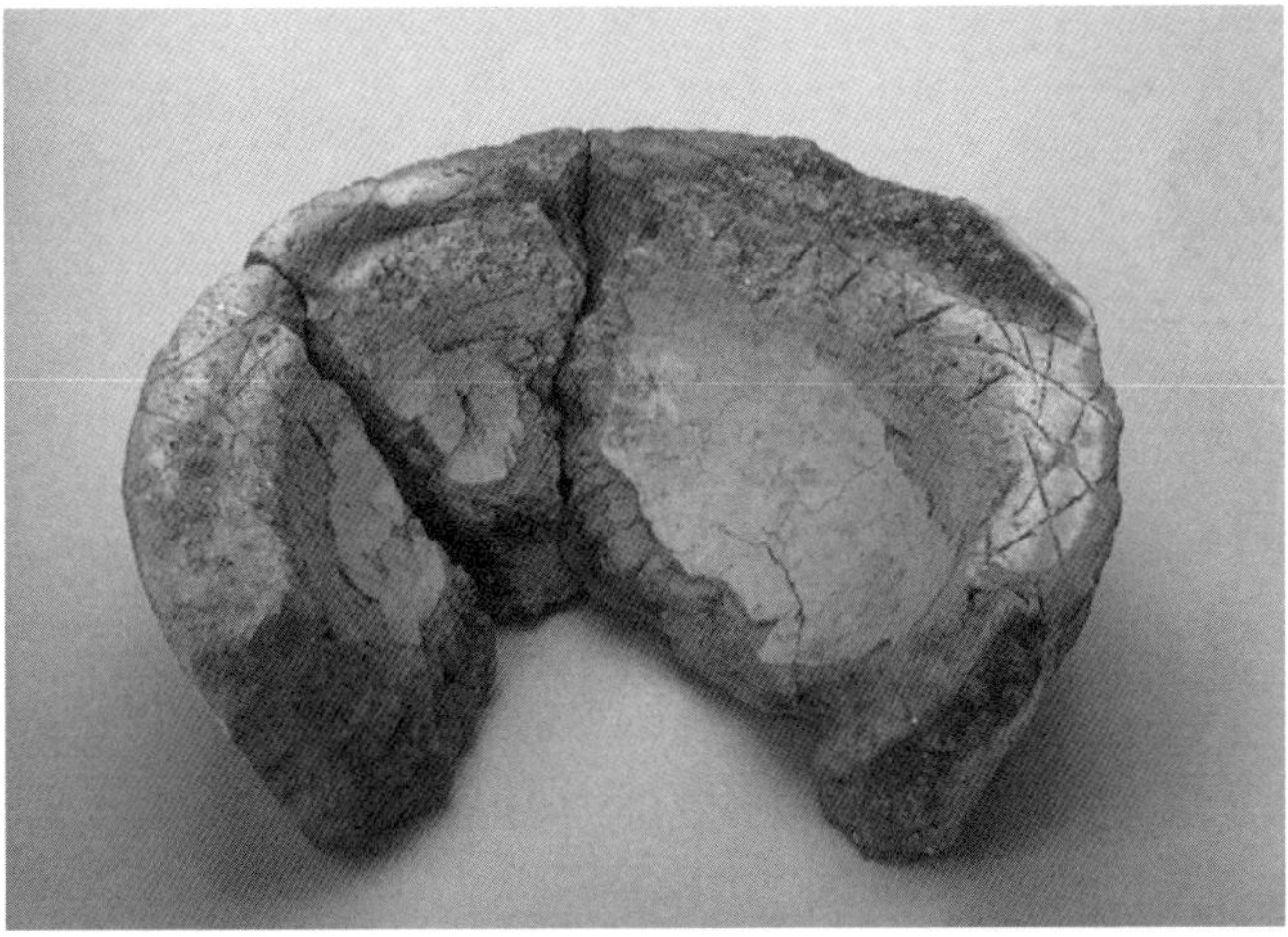

万才町高島邸跡より発掘されたモルチール弾鋳型（長崎市所蔵）

五、輸入に活かされた利殖の才

②「諸藩や幕府のための大砲の鋳造」については、佐賀藩（武雄領）、熊本藩、岩国藩、幕府については史料が残っており、このほか薩摩藩や福岡藩のためにも鋳造したであろうといわれている。

このうち佐賀藩については、門弟を紹介する佐賀藩武雄領主鍋島茂義の項で前述したが、武雄で実物の臼砲が発見され現存する。一八三二年（天保三）にオランダから輸入したものと同型同寸法で、鍋島家の定紋「抱き銀杏」や父茂紀と秋帆の名前、天保六年（一八三五）七月という製造年月などが刻まれている。

熊本藩についても、同じく熊本藩家老有

吉市郎兵衛、同藩士池辺啓太の項で前述したが、こちらの大砲には、父は死亡していたので秋帆だけの名前、「天保八年（一八三七）六月」という製造年月」などが刻まれていた。

岩国藩のものは、一八四二年（天保十三）に秋帆が逮捕された際、家宅捜索で押収されたもののなかに、同藩の弟子有坂淳蔵父子から注文を受けた大砲の代金の内金として送られてきた百両があったために判明したもので、まだ大砲はつくられてはいなかった。また、これによって大砲一門の値段が二百両ほどであったことが知られる。

一八一一年（天保十二）の徳丸原演習に使われた四門の大砲のうち、二門を幕府が買いあげることとし、五百両を秋帆に下賜している。このなかには演習に要したほかの費用も入っていると思われるので、大砲一門の値段はやはり二百両が相場であることが裏付けられる。

これらの大砲鋳造による利益が、輸入費用に当てられたわけである。

③「地位と信用を利用しての商取引への関与」については、秋帆や関係者の取調調書や判決書につぎのようなことが記されている。

○秋帆は唐船輸入品の取扱いが粗漏《そろう》で、勝手に売りさばいて利益を得ている。
○俵物役場が市中町人達から借用する銀子のうち、秋帆が手代（使用人）名義で銀主となり、また証文に奥書して多分の利益を得ている。
○唐商人に売り渡す日本産人参のなかに、秋帆が池辺啓太依頼の肥後（熊本）産人参を加えて売り渡した。
○秋帆が、俵物取引の関係者や唐船主からの願書を聞き届けて便宜を与えた。
○唐船入港の際、一隻につき七百五十両を口銭として会所に収め、秋帆の指図により費消した。
○唐船へ渡す俵物が不足した際、秋帆の依頼で池辺啓太が肥後産の椎茸を一斤三匁八分で買い集め、一斤四匁二分で会所に収め、数回にわたり一千九百斤を売りこんだ。
○秋帆が啓太を通じて依頼され、肥後産人参を関係商人に一斤三十三匁で数回にわたり買い取らせ、多額の謝礼を受け取った。
○秋帆が、高木代官支配の天草において、役所用銀を利用して多量の肥後米を買い入れさせ、天保飢饉に貯備したが、他方米の値上がりにより多額の利益を得た。

以上のことは事実として確認されていて、秋帆がその地位と信用を利用して、あらゆる機会を捉えて、堅実な方法によって利殖の道を開拓していたことが知れるのである。

④「高島家、久松家など関係者の協力」については、資金調達の面において、親族や同僚、とくに実兄である町年寄の久松碩次郎が同情・同調し、全面的な協力を惜しまなかったことはいうまでもない。

以上述べた手段によって得た多額の資金を、西洋軍事学の研究のために惜しみなく投入した秋帆は、最新の大砲・小銃を輸入、製造し、演習をおこなっていたのである。

六、高島流砲術を確立する

多年の研究成果がまとまり、高島流砲術が確立したのは、秋帆三十七歳の一八三五年(天保六)とされている。当時は父茂紀も存命しており、ともに荻野流砲術師範として門戸を開いていたので、同流が秋帆の教授科目に含まれていた。

当初、門人希望者が提出する起請文はつぎのとおりであった。

起請文

一、荻野流の事
一、同新流の事
一、高島流の事
一、西洋銃陣の事
一、他流の秘事を替々《かえがえ》に致すまじき事
　秘具等一切他見致すまじき事
一、御流儀に差加え一流を立て申すまじき事
　右の条々、親子兄弟たりとも他見他言堅く致すまじく、若《も》し相背くに於ては、日本国中大小の神罰を蒙《こうむ》るべき者也、仍《よって》起請文如件《くだんのごとし》
　年月　　　　　　　　　　　　　　　　　　　氏名（血判）

のちには荻野流と同新流が削除され、高島流と西洋銃陣だけとなる。高島流の要旨は、起請文の前書きによればつぎのとおりである。

砲術は人を多く殺すというのを貴しとする。すなわち多殺の術をもって不殺用をなさんとするものである。これを神武という。予の術をまなぶものは宜しく重厚慎勤にして、説に問い深く想い、未だ乱れざるに備え、常にもって軍威を張り、寇《あだ》をして畏縮せしめ、来り侵すを得ざらしむべきである。

またその具体的内容は以下に示すとおりである。

○モルチールならびにボンベ
ボンベの用意、装填、仰角、導火の長さ、発射
○ホウィッツル
砲身の吟味、薬袋《やくたい》、カルドース、早導火《はやみちび》、焼夷弾、照明弾、早合《はやごう》
○カノン
行軍砲、車台、玉の吟味、葡萄弾、箱玉、数玉、瑣玉《くさり》、火薬の吟味、貯蔵運搬、砲具、焼玉、台場

西洋銃陣の内容はつぎのとおりで、オランダから輸入した「歩兵教練書一組（一八二九

年発布）」によったとされる。

○一般条項および各個教練

○中隊教練

○大隊教練

○リニー教練

また、銃陣用に使用した歩兵銃はナポレオン火打石銃と通称される新式のものであった。

第七章

高島流砲術の諸藩・幕臣への波及

―西国諸藩から幕臣にまで及んだ西洋砲術の広がり―

秋帆が確立した高島流砲術は、着実にしっかりと諸藩に伝わっていった。西国各藩、なかでも薩摩藩などに広がり、幕末の重要な局面で活躍する端緒になった。幕臣にもすくなからず波及し、改めて秋帆の影響力の大きさを物語る。

近代化遺産の源泉は、国防ひいては西洋軍事学への関心であり、秋帆の影響でさらに加速されている。影響をうけた各藩は西洋技術の導入や武器製造をおこない、現在へと通じる近代化遺産はこの過程で生まれていった。

一、幕府の失敗

ナポレオン戦争後、十九世紀に入って欧米諸国の東洋への政治的圧力が高まり、わが国にもしだいに迫ってきていることは、小さな長崎出島の天窓からもうかがい知れはじめていた。西国の大名たちは早くもこれを認識し、西洋軍事学の重要性に気付いており、対策として藩士を長崎に送りこんで研究を開始した。

他方、幕府要人はこのことに関心が薄く、前章に述べた一八四一年（天保十二）の徳丸原の大演習後にようやく、前記江川英龍と、長崎奉行を務めた筒井雅憲（一七七八～一八五九）を父にもつ下曽根金三郎のふたりに、西洋軍事学を学ぶ許可を与えたのであった。この遅れが幕末の第二次長州征伐の失敗をもたらし、幕府の命取りになるのである。

二、熊本藩への波及

秋帆のもっとも古い門弟が熊本藩士池辺啓太であり、その仲介で同藩家老の有吉市郎兵衛が入門したことは前述のとおりである。

啓太の弟子に、大坂出身の田結荘千里（一八一四〜九六）がいる。蘭学を習得していた千里は一年で早くも奥伝を許された。一八四八年（弘化四）に大坂に帰って砲術の門を開き、弟子に教えるとともに、啓太直伝の弾道学などに関する執筆をして刊行した。

三、佐賀藩への波及

韮山代官江川英龍とともに、佐賀藩武雄領主の鍋島茂義が秋帆の門弟になったことも前述した。

茂義は、みずから入門する以前の一八三二年（天保三）に家臣の平山山兵（淳左衛門）

佐賀県立博物館に展示されている天保期佐賀藩のモルチール砲

を長崎に送り、茂紀について西洋砲術を学ばせている。この人物が佐賀藩の西洋軍事学の開祖となる。

茂義自身が長崎において入門したのが翌年。天保六年（一八三五）四月には佐賀藩主鍋島直正が、茂義の西洋砲術習得を聞きつけ、佐賀本藩士坂部三十郎明矩を茂義に入門させる。また茂義は、砲の雛型をつくって直正に見せたりもする。

こうして西洋砲術の実力を知った直正は、熱心にその習得普及に努め、茂義に補佐役として鍋島隼人を付けて、同藩の兵制や兵器の改良を図らせた。

この年の秋には秋帆が武雄を訪れている。秋帆はわが国で最初に鋳造した臼砲を持参して茂義に渡し、永野村台場において射撃をおこなって、同人に臼砲術皆伝を授けた。この大砲が、佐賀県立博物館に現存していることは前述した。

一八三七年（天保八）から、直正は、秋帆を介してオランダに各種兵器を発注して入手し、一八四〇年（天保十一）西洋砲術の演習をみずから観閲した。このとき、病気の茂義に代わって指揮を取ったのは、坂部三十郎であった。

第一日目に三発、距離約七百メートルの発射をおこない、第二日目の夜には場所を変えて、当時秘中の秘とされていた照明弾の発射がおこなわれた。演習は大成功、茂義以下に褒美を与え、本家家中にも茂義について西洋砲術の修業を命じた。

こうして、最初に増田安兵衛と秀島大七、翌年に田中作左衛門・村山章助・坂井左兵衛・増田忠八郎など、翌々年には年寄鍋島市作が入門して、佐賀城下に蘭砲稽古場が設けられることになった。平山醇左衛門が一カ月のうちの十五日同城下に詰め、それを浦田八郎右衛門と横田善吾が補佐し、三と八の日を一般家士の稽古日とした。同年の秋帆逮捕後は、西洋流の名が威遠《いえん》流と改められた。

一九四二年（天保十三）には大砲鋳造所も設けられ、大小の銃砲を製作することになった。製造方に平山醇左衛門と田中作左衛門、金銀受払方に増田忠八郎、坂井左兵衛と秀島大七、鋳物師には谷口良三郎といった陣容であった。

翌年には、製作された大砲十三門の試射がおこなわれて成績良好、十門は長崎港口にある深堀領へ、三門は武具方へ交付された。一八四四年（弘化元）にはオランダから臼砲を購入して、深堀領で長崎港外伊王島砲台へ備え付け、製造方が蘭式小銃百挺を製造した。

その後も直正は藩の財政を傾け、大砲造りに専念し、長崎港を守る四郎ヶ島と伊王島各砲台を整備していくのであるが、その端緒が茂義の高島入門であった。

四、薩摩藩への波及

天保八年（一八三七）七月十日、薩摩藩の山川港へアメリカ船モリソン号が入港する。このとき、幕府の異国船打払令に従って撃退するため、同藩家老島津久風（一七九四〜一八五二）の統率のもと、荻野流法砲術師範役の鳥居平八、平七兄弟とその門人が派遣された。その後兄弟は秋帆の門人となり、兄平八は客死するが、弟平七が薩摩藩の西洋砲術の開祖となったことは、前述したとおりである。

一八四二年（天保十三）薩摩藩は、秋帆を介してオランダから火打銃百挺を購入するとともに、弁天築地で臼砲、ホウィッツルおよび野戦砲を鋳造した。同年三月十八日にはこれらの大砲の射撃演習をおこない、藩主島津斉興《なりおき》（一七九一〜一八五九）が久風を従えて検閲した。この日使用された大砲はつぎのとおりである。

○二十ドイム臼砲　一門
○十三ドイム臼砲　二門　島津中務所有
○十五ドイムホウィッツル　一門
○五百銭野戦重砲（攻城砲）一門
○百五十銭野戦砲　二門　島津中務・町田助太郎所有

臼砲二門は各々ボンベン弾六発、焼夷弾三発、照明弾三発、烟弾三発ずつ。ホウィッツルはボンベン弾三発、榴散弾三発、箱弾五発。野戦砲三門は各々箱弾五発、実弾十発。射撃演習では、これらを標的に向かって発射した。

また、銃陣の教練もおこなわれた。銃隊は四十八人編成で、野戦砲を左右両翼に備えて、ともに進退し発砲した。

演習中に野戦砲の薬嚢への引火による事故をおこして負傷者を出したものの、部隊の動作も射撃もみごとにおこなわれ、斉興はその正確さを賞賛した。

この日の隊員の服装は、魚頭形陣笠（ベントン笠または鮪頭《まぐろがしら》と俗称される）をかぶり、筒袖半纏《はんてん》（籠手《こて》袖《そで》という）に股引《ももひき》、立揚袴《たっつけばかま》をはき、脇差《わきざし》だけを差すこととされた。

この異様な服装は、秋帆が案出したものであった。見る者の多くが感嘆し、なかには誹謗する者もあったが、斉興は衆議を排してこれを称揚し、藩の軍備をすべて西洋式として、西洋砲術を採用して鳥居兵七を師範役とした。

嗣子斉彬《なりあきら》も、高島流改め御流儀砲術の研究に非常に熱心で、これを奨励した。弘化三年（一八四六）八月二十六日谷山、中の塩屋（現・谷山市）で実施された発火演習には、斉彬がみずから出場し検閲した。

このときの斉彬と、師範役である鳥居兵七改め成田正右衛門とのあいだの問答記録が残されている。野戦砲打方の号令が御前を遠慮して小さく短かったのを指摘したり、砲発射の際に装填杖担当者や火薬担当者までが玉の行き先を見守っていたのを、それはやめて次発装填を急ぐように指示したり、備打ちのとき太鼓の合図をしなかったため足並みが揃わなかったのを見とがめたりと、まさに的を射た問答がおこなわれている。斉彬のそれまでの熱心な研究の結果であろう。

弘化四年（一八四七）八月二十日には砲術館が開かれて、洋式砲術の研究がさらに前進し、翌年得能彦左衛門が御流儀砲術方頭取となり、その統率のもと演練、鋳砲、海岸砲台整備、射撃、その他防備に関するあらゆる手当てが進行し、同藩における武備の充実が実現した。

はからずも一八六三年（文久三）の薩英戦争のときに、これが一定の効果をもたらすことになる。

五、三河国田原藩への波及

田原藩は三河国（愛知県）にあった、わずか一万二千石の小藩であるが、東国における蘭学研究の先駆的存在として注目される。同藩の蘭学は、一八二〇年（文政三）藩医の家に生まれた鈴木春山（一八〇一〜四六）が二十歳のとき、長崎に医学修業に行ったことに端を発する。長崎ではオランダ医に付いて学んだらしいが、それがだれであるかは不明。医学のほか、広く世界の新知識に触れ、とくにオランダの軍事学に注目して研究している。

一八二三年（文政六）に帰国し、田原城下で一時開業するが思わしくなく、江戸に出て、藩主三宅康明（一八〇〇〜二七）の弟三宅友信（一八〇六〜八六）や家老の渡辺崋山に出会う。この結果、友信は蘭学研究に興味をもち、崋山は春山の新知識に共鳴して、ここに田原藩の蘭学が開始されることになったのである。

一八二七年（文政十）田原藩主康明が病没するが、財政難打開のため、他家から持参金付きの養子を迎えて後継にしている。友信は巣鴨邸に隠居し、崋山の勧めで蘭学に没頭、隠居料で多くの蘭書を購入して、他藩の蘭学者である高野長英（一八〇四～五〇）や小関三英（一七八七～一八三九）に翻訳させるなどして、東日本における総合的蘭学研究の拠点となった。

その一環として、一八三五年（天保六）春山が再度長崎に行って秋帆のことを聞き、一八四一年（天保十二）には村上定平（範致）が前述した徳丸原の演習に銃隊員のひとりとして参加、翌年四月には長崎に行って秋帆に入門している。

不幸にも、耀蔵が主導した「蛮社の獄」によって、崋山はじめ主要人物を失うが、友信、春山、範致が健在で、その遺志を継いで田原藩の蘭学は大成する。

嘉永年間（一八四八～五四）に二十ドイムおよび十五ドイム臼砲、十三ドイムハンド臼砲、十六ドイムホウィッツル等の大砲をつくり、田原城下で射撃訓練をおこなっている。

六、岩国藩への波及

前述した徳丸原演習には、岩国藩から三人が加わっている。有坂淳蔵（長為　一七八四〜一八五五）とその第四子の有坂隆介（?〜一九〇二）および井下彦四郎である。彦四郎は淳蔵の長男で、実家を継ぐために祖父井下孫右衛門の養子となったものであるから、淳蔵一家が秋帆に入門したことになる。しかもこれまでの各藩の場合と異なり、藩命ではなく、みずから砲術修業の旅をして、秋帆の弟子になっている。

有坂家の祖先は、毛利家三兄弟のひとり吉川元春（一八三〇〜八六）の子、吉川広家（一五六一〜一六二五）の時代に、出雲国富田（現・島根県安来市広瀬町富田）で召し抱えられ、以来砲術師範の家としてつづいた。三代目の吉川長勝は石田流、南蛮流など十七流を兼修し、藩主の吉川広紀の師範役を務め、有坂流を開いた。孫の代に一時断絶したものの、一七三六年（元文元）井下家から養子がはいって名跡を継ぎ、淳蔵に至った。

淳蔵は一七八六年（天明六）周防国玖珂村（現・岩国市玖珂町）石田三左衛門の第三子として生まれ、幼いころから砲術を好み、当初は徳山藩佐藤喜内に中島流を学んだ。ついで岩国城下にて有坂東左衛門長郷に付いて有坂流を修め、長郷がその才能を認めて養嗣子とした。一八二一年（文政四）に中島流および安盛流を習得したことで、生涯暮々銀二枚を下賜され、同年、森重靭負について合武三島流の伝を受け、二十石八斗の知行高を給されて大組に昇進した。

養父没後の一八二六年（文政九）その跡を継ぎ、一八二八年（文政十一）近江国膳所《おうみ》《ぜぜ》藩の宮崎藤右衛門から「自得流火矢遠町」の伝を受けた。翌年、同国の国友に「百目三尺八寸筒」をつくらせ、泉州堺の七堂ヶ浜で遠町打ち方をおこなったのである。

一八三三年（天保四）には九州各地を遊歴している。

小倉で津田専右衛門越後に会い、久留米で入江一学、長野機蔵と砲術を談じ、熊本では澤村、可児両家を訪れ、宇土では藩士上羽牛蔵が先祖伝来の稲富流を断絶していたので、返伝してやった。

佐賀では永淵喜兵衛を訪ね、長崎に至ったのは一八三六年（天保七）。時あたかも秋帆が西洋砲術を創設したところであった。入門を願うが許されずに帰るが、その後ふたたび長崎に来て再三懇請し、ようやく入門することができた。以来秋帆のもとで非常に熱心に学び、臼砲、十五ドイムホウィツルおよび火打石銃操法等を習得し、ついに徳丸原演習には二子とともに参加し、江戸滞在中に高島流の皆伝を取得した。

演習後、淳蔵父子は岩国に帰っていった。天保十二年（一八四一）八月十二日に秋帆一行が岩国に立寄った際、淳蔵の仲介で、藩主が高島父子を客殿に招き、料理を出して饗応している。同年冬には、藩主からの謝礼として大小の刀（盛俊）、絵画（雪旦）等の贈物をもって、淳蔵が長崎を訪ね、二十ドイムの臼砲一門の鋳造を依頼した。

また翌年、逮捕された秋帆父子が江戸への護送途中、岩国の宿場関戸を通過するときには、世間一般が冷淡に迎えるなか、わざわざ面会に行っている。しかし警護の者が面会を禁じたため、空しく帰宅した。

淳蔵は、同年みずから十五ドイムホウィツルを鋳造し、一八四六年（弘化三）には臼砲とホウィツルの射撃をおこない、土佐藩の田所左右次と延岡藩の吉羽数馬に打方を伝授している。翌一八四七年（弘化四）、藩は西洋砲術修業の功により隠居を差し止め、門弟指南を命じ、知行高のほか暮々俵子五荷を給した。

一八四八年（嘉永元）には芸州藩、翌同二年延岡藩と岡山藩、同三年備中庭瀬、一八五三年（嘉永六）には芸州、その翌年三原と、中国・四国・九州の諸藩に西洋砲術を紹介し、淳蔵は安政二年（一八五五）正月元日に逝去した。享年七十歳、岩国の日光寺に葬られる。

有坂隆介は淳蔵の第四子、のちに淳蔵長為と名乗った。父から一八四三年（天保十四）に西洋砲術の皆伝を受け、父の死後跡を継いで、藩から二十六石八斗を給されて暮々銀二枚を加賞された。一八六〇年（万延元）にはさらに賞され暮々銀五枚を給された。また、長州藩が外国小銃を購入したときには、検査等で尽力する。明治維新後は岩国に隠居し、春秋翁と号してもっぱら茶事に遊び、一九〇二年（明治三十五）二月二十四日八十歳で逝去した。有坂砲の発明者として有名な、陸軍中将有坂成章（一八五二～一九一五）はその嫡子である。

七、幕臣への波及

幕臣である韮山代官江川英龍についてはすでに述べたが、秋帆の西洋砲術が波及するのに尽力した、もうひとりの人物として、第九十七代長崎奉行を務めた田口加賀守喜行（?～一八五三）がいる。

家伝によれば先祖は藤原氏、粟田口と称した。武田氏に仕え、準一族となり「田口」に改姓、田口五左衛門照全のとき西の丸にいた六代将軍になる徳川家宣（一六六二～一七一二）の家人となり、西の丸御広敷の伊賀者となった。照全から三代目で、出羽国代官を務めた田口助次郎喜親の長男が喜行。通称五郎左衛門、家禄三百俵。

喜行は天保十年（一八三九）四月七日に勘定吟味役、留守居番次席から長崎奉行となり、九月六日着任。翌年にはオランダの帆を張ったバッテーラ船に秋帆と同乗して、長崎港内を巡視した。秋帆の人物に傾倒してその思想に共鳴、「西洋砲術の研究は、これからの国際情勢に照らし、必須である」と老中水野筑前守忠邦（一七九四〜一八五一）に意見書を提出した。これによって、徳丸原演習が実現することになる。

翌年九月二十三日江戸に向けて長崎を発ち、天保十二年（一六四一）四月十五日勘定奉行に昇進、五百石加増となり、同年五月実施の徳丸原演習を熱心に後援している。

喜行の長崎在勤時の最大の功績は、蘭書を提出させて、通詞に原書の研究をさせたことである。一八四〇年（天保十一）幕府が発した指令に「通詞たちはただ通弁（通訳）をするだけではいけない。原書も読み、これを研究しなければならない」とあるのは、喜行を介した秋帆の影響にほかならない。

また同時に喜行は、市川熊男をはじめとする家来に秋帆の教えを受けさせた。

熊男は、高崎藩主松平右京亮照聴の家来市川一学の倅であるが、のちに喜行の家来として長崎に随行して、天保十年（一八三九）九月から翌年九月まで同地に在勤する。

徳丸原演習のとき「市川熊男取立」とある者が、つぎの二十七人にものぼっている。

砲手のうち田口加賀守家来小川庫助、市川熊男取立ての分、左の通り

清水殿御附人河津三郎兵衛倅　河津孝之助
同　同人　三男　河津鋌三郎
大御番頭戸田淡路守組与力　野村鉄次郎　外三人
酒井左衛門尉家来　安倍源三郎　外三人
田口加賀守家来　市川熊雄　外十三人
合計　二十七人

以上は秋帆が江戸に行ったときに入門した者であるが、ここからも、江戸における喜行や熊男の幕臣間への影響の大きさを読みとることができる。「長崎事件」が起こると、彼らもまた連座者となり、喜行は天保十二年（一八四二）五月十四日「秋帆重用・家事不取締」により免職と二百石減の処分を受け、熊男は「百日押込」を宣告される。

秋帆は、釈放後最初に喜行を訪ねて御礼を述べたといわれる。

第八章

秋帆の晩年と子孫

―最後は徳川幕府「防衛大学」の最高幹部―

アメリカのペリーやロシアのプチャーチンの来航で外圧が増加するなか、江川英龍の釈放運動により、とうとう秋帆の幽閉が解かれた。秋帆は嘉永上書を提出し、幕府に外国への対策を進言する。晩年にはいっていた秋帆は、さらに技術を磨き、それを伝授するために尽力しつつ波乱の生涯を終えた。子孫たちも秋帆の後継者になるべく努めたが、若くして亡くなり、身内の後継者には恵まれなかった。

一、釈放

秋帆は、国内外の情勢の変化と、当時幕府の要職にあった江川英龍の熱心な運動によって、嘉永六年（一八五三）八月に釈放された。天保十三年（一八四二）十月長崎で逮捕されてから、じつに十年十カ月が経過していた。

英龍は、嘉永四年（一八五一）管轄下にある下田の警備を命じられ、さらに同年一月にはその経費節減の命もくだり苦心していた。そこで秋帆からの指導や援助を得たいと、五月秋帆赦免の嘆願書を出すことを、意気投合していた幕臣で前年から勘定奉行に復帰していた川路聖謨に相談した。賛成はしてくれたものの、幕閣の同僚たちが同意するか不安なのですこし待つようにと慰留される。

韮山の江川邸（日宇孝良撮影）

直後の六月三日、アメリカのペリー艦隊が浦賀沖に姿を現し、七月十八日にはロシア使節プチャーチン（一八〇四～八三）の乗った艦隊が長崎港に入港する。そのさなかの六月二十二日には十三代将軍徳川家慶（一七九三～一八五三）の薨去という、幕府にとって一大危機が起こっていた。

英龍は、将軍薨去の大赦が秋帆にもおよぶとの思惑で、八月はじめに「秋帆赦免の際は自分が引き取りたい」という内願書を提出した。

いっぽう、すでに幕閣による赦免の内議は進んでいた。同月六日付けで、老中安部正弘から「出格之訳」をもって中追放を赦免する文が発表され、身柄は英龍が引き取るようにとの指令がおりた。

秋帆と英龍をはじめ関係者の喜びは、いいしれぬものがあったであろう。この喜びにちなんで、釈放の日に秋帆は「喜平」と改名した。

秋帆が幽閉されていた十年あまり、研究に励み、師の秋帆に先行する砲術家になっていた英龍は、秋帆夫妻を屋敷に引き取ると、恩師として厚くもてなした。そのような元弟子の英龍に対して、秋帆は、無理に頼んでその門下生となり、懸命に遅れを取り戻そうと新知識の吸収に努める。そして一年後には英龍の水準に達したのであった。

二、通商拡大への世間一般の抵抗

嘉永四年（一八五二）六月三日に来航したペリーは、一書を残し、来年の再来航を予告して十二日に浦賀を去った。幕府は、ペリーの国書二通とオランダ商館長ドンケルクルチウス（一八一三〜七九）が提出した書簡、それに上書と風説書の訳文を寺社、江戸町、勘定三奉行、両目付、浦賀奉行などに回付して、これに対する所見を求めた。嘉永六年（一八五三）六月四日付けでは、老中阿部正弘の名前で全国藩主などにも意見を求めている。

当時の寺社、江戸町、勘定三奉行合計八名の一致した意見は「国法の禁じている通商は許されない。丁重に国法を説明して、再来しないように諭し、至急防備を充実すること」であった。大目付、目付計三名の意見もほぼ同じ。二名の浦賀奉行は「寛大な処置で、兵端を開く端緒をつくらず、再来時は長崎へ回航するよう諭すこと」と答申している。

要するに、幕府の重要部局の考えはすべてが「交易、石炭置場の設置・借用、漂着船員の救助などの要求をことごとく拒絶すること」であった。

全国の藩主らの意見は、薩摩藩主島津斉彬の「交渉を引き延ばし、三年間で防備を充実し、打ち払うこと」をはじめ、一部漂流民の救助だけ認める意見もあったが、ほとんどが拒絶の立場をとった。そのなかで通商を認める意見を述べたのは、関白鷹司政通（一七八九～一八六八）と福岡藩主黒田長溥《ながひろ》（一八一一～八七）のふたりだけであった。

その他一般識者の意見も、儒学者安井息軒の「ロシアだけに通商を許す」というものを含め開国論が一部あったものの、「長崎のオランダ商館長に斡旋を依頼する」という意見を述べる者にしても、結論は通商拡大反対論であった。

以上のように、ごく一部例外を除き、幕府の要職者も各藩主らも一般識者も、対外

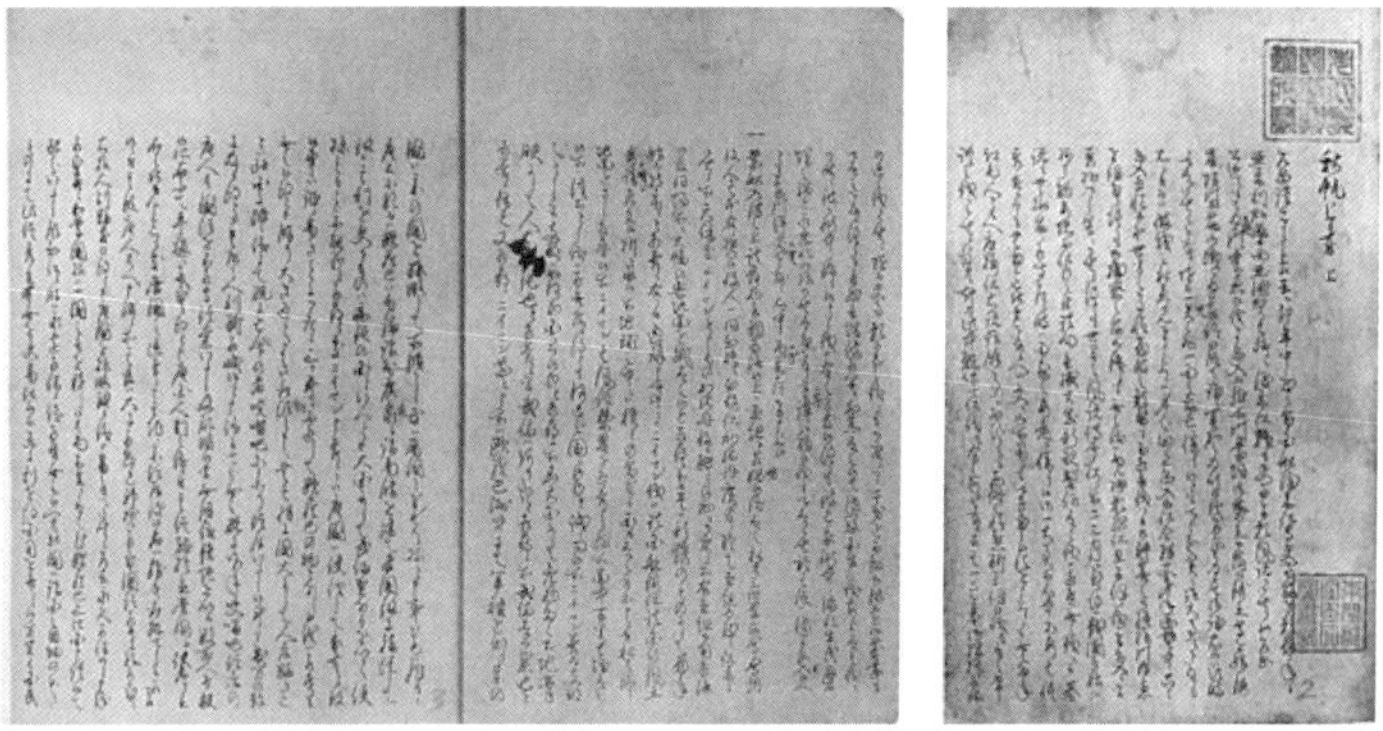

嘉永上書（安政３年写）（長崎歴史文化博物館蔵）

政策では攘夷論で意見が一致していたのである。

三、開国を訴える「嘉永上書」を提出

出獄したばかりの秋帆も、幕府の諮問に応じて意見を述べたいと思った。それというのもペリーの来航は、前述した「天保上書」を提出したころから、もっとも心配していたことであった。その危機が目の前にあってやむにやまれぬ気持ちで、重ねて上書を起草したのである。有馬成甫著『高島秋帆』より要旨をまとめると、つぎのとおりである。

（前文）

さる天保十四年（一八四三）以来、異国船がしきりに来ていて、本年はアメリカおよびロシアの船が浦賀および長崎に来て、いずれも交易を願った。こ

れについて政府筋においても、砲台の構築や大砲の鋳造をはじめられる時機となり、微賎の私どもが愚見を申し上げるなどは出過ぎたことでもあるし、多年幽閉の身で幕府の機密などは伺うこともできないのであるから差控えるべきであろう。しかし世間の風聞では、明日にも戦争がはじまるということで心配に絶えないからこのまま差し置くことができず、そうかといって妙案があるわけではなく、ただ多年オランダ人に接して西洋人の習俗もいささか聞きこんでいることもあり、普通の談義にすぎないが、またそのなかに玩味すべき点がないでもないと思われる。もし忌憚に触れる点があったら御容赦願いたく、心中残るところなく申し上げる次第である。

（主文）

○天保のころ、ニーマンという甲比丹と世界地図を掲げていろいろ質問を交換した際「中国は大国で武備も盛んな国であるから侵攻することなど困難であろう」と質問したところ、彼は答えて「いや、中国を侵略することはまことに容易なことである。三カ年も経ないでこれを占領することは間違いがない。ただし、国があまりに大き過ぎて取りごろでない。これを占領するより貿易の利を得たほうが好都合である」と答えたのである。

以上の話はその場限りで、別段心に留めていたわけではないが、その後三、四年を経てから阿片戦争が勃発したところ、清国は散々敗北を喫し、その原因がまったく火器のためであることがわかった。

わが国の火器も、昌平の世となって実践の経験もなく、みな中国の法に類するもので、これをもってイギリスに対するときは清国同様の結果に至ることはあきらかである。先年愚見を申し上げた次第である。

ニーマンは兵事の心得もないものであるのに、なぜ以上のような勝算を明確に答えることができたかと不審に思っていたが、西洋の習俗として、平常無事のときでも、勝敗の理をあきらかにして研究しておくというふうであるからこそ、ニーマンも言下に答えることができたのである。

それについて考えられることは、わが国は接戦に長じるといっても、彼らは必ずこれに対処する方法を研究しているのに相違ない。それでわが国は刺撃の術に長じ、火縄銃があるといっても、彼の砲戦に対して万全とはいいがたい。敵の砲陣に対しても、勝算あるまで研究しておかなければならない。（中略）

わが国の風気として、命を惜しまず、死力を尽くして戦うというふうがある。しかし命を捨てたからといって勝てるとは限らない。軍艦その他の武器整備の上であれば、ご命令によって夷狄を攻撃されてもよい。しかしまだ整備ができていない今日では、四芸練達の勇士が守っても、異船から打ち出す弾丸が堅陣を破砕すれば、勇士は空しく拳を握り、切歯扼腕するだけである。

今日の急務は武芸などよりもまず大砲である。また大砲はできてもこれを取り扱う人はなかなか養成するのに時間がかかる。いまわが太平不練のときに、水陸戦法に慣れた西洋人との一戦は、四、五年の間はお見合わせになることをお願いしたい。

○来年渡来予定のアメリカ船と一戦し、これを殲滅《せんめつ》すれば、御武威に萎縮してふたたび来ないとなれば好都合であるが、彼らが負けた場合には諸国が加勢するということがあり、またアメリカは大国であるから、戦争は長期間つづけられるという可能性がある。

そうなれば大砲はそろったとしても、火薬の供給が充分でなくなるかもしれない。オランダでは平素から多量の火薬を貯蔵し、また硝石丘をつくり、供給をよくしている。わが国でも硝石丘をつくり、二、三年中に多分の硝石を貯蔵しなければならない。
○アメリカとの一戦を避けることは、わが国威を墜《おと》し恥辱になるという人もある。しかし兵道は勝つことが主で、それが早かったり遅かったりするのは時勢によるのである。その鋭気を避けその惰気を撃つというのは、戦場ばかりのことではない。
　清国がもろくも敗れたので、わが国も清国同様の戦法を用いることがわかっているから、これを見きわめてわが好まない交易を願い、場合によっては戦端を開き、略奪に及ぼうと考えているのは、じつに憎むべきことである。

　しかし、その憎みに堪えきれずこちらから手を出せば、これは彼らの術中におちいることになる。それでもこちらに勝算があればなんの心配もいらないが、いまだ海防も全備にいたらない今日、夷狄を防ぐ術が充分でなければ、攘夷の実を挙げることはできない。
○西洋では、有無相通じて交易をおこなうことは一般の習いである。これによって利潤を得るのは一国だけでなく、たがいにこれを得ている。それで手軽にこれらをおこなっているが、わが国はこれをあまり考え過ぎてお許しがないので、わが国の産物を彼らは知らず、それで彼らは有るものを与えないというふうに考えて憤怒を招いている。

それでもし願いの通り交易を許されれば、こちらに彼らの好むものがないとわかれば、彼らはかえって後悔することになる。彼らは遠洋を航海して来るのであるから、莫大な利益がある品を代わりに持ち帰らなければ困ってしまう。オランダ船が年々入津するのは、銅を渡すからである。銅がなくなれば、ほかに利益のある品もなければ渡来しなくなるであろう。

アメリカ、ロシアの交易願い出は容易ならないことで、もしお許しがなければ兵端を開くことにもなりかねない。かの地の風習に従って、手軽にお許しになってはどうかと考える。そして二、三年もして商売に利潤があがらないということになれば、向こうから退くことになると思われる。

わが国は小国で、船来の貨物を引き取る高にも限度があるし、また産物もすくないから、輸出を禁じなければならないものもある。むかしは主として金銀で支払ったが、その出がすくなくなったので、銅で交易するようになった。ところが銅も産出がすくなくなったので、銅の量も半減された。またオランダ持渡りの物品は唐船による輸入を禁じ、唐船からの輸入品はオランダ持渡りを禁じ、同物品の過多を防ぐこととしてある。

結局小国であるから、輸入品の消化もじゅうぶんできず、交易の途も立ちにくい。オランダ人もこの事情を知っているから、いまはわずかに丁子《ちょうじ》三千斤を一カ年の交易量と定められた。銅も近年産額が減少して国内用にも事欠くようになったから、いずれ改革されることになろう。

これの事情を先方にもよく理解させて二、三年交易を許してみたら、国家のためにもなるし、また彼らも自然にうかがい取る情も解消し、そのあいだに我らの海防を万全にすることができ、利益がすくなくなれば彼らのほうから退くであろうから、永く安全を期することができる。

○こうして一国に許せば、他国にも許さないわけにはいかない。そうすると際限なくわが国の膏血《こうけつ》を搾り取られるであろうと懸念する人がいる。しかし、わが国の消化力には限度があるから、買手がすくなくなり価値も下がる。そうなれば積んできた荷もつぶれ荷となり、その上持ち帰りの品もなくなれば、自然彼らも来ないようになる。

交易はこれを取締る規則の良し悪しにかかっているので、これを定めておけば、交易を許してもすこしも心配することはいらない。
○交易互市を論じる人で、交易は銅でしなければならないと考えて議論しているものがある。これは誤解である。こちらに有用な品によって、先方に無用の品とかえるなどというのはこの誤りである。
オランダ貿易で銅を渡すのは、本方荷《もとかたに》というものに限っている。時計、ガラス器、おもちゃ等の類は脇といって、甲比丹はじめ私の貿易としておこなっているので、これに対してはこちらの無用の品を与えている。有用な薬品などは脇荷のなかである。唐国貿易では薬品は本売りと称するものに加えられ、珊瑚《さんご》、時計その他のおもちゃは別段売りといって、その代わりとしてこちらの無用の品を与えている。

むかしはわが国に白糸さえ産出がなく、また今日輸入不用の砂糖さえ輸入してこれに銅を与えたのであるが、今日はそれらがすべて国産で間に合うようになったのも、元来銅をお捨てになったからこそできるようになったのである。

○唐オランダの持ち渡り品のなかにも必ず有用な国益品もあるから、そのようなものばかりを受入れるようにし、その代わりとしてこちらの無用な品を渡すようにすれば、非常に有利な交易となる。それで二、三年交易を許してみてそのなりゆきを見ればよい。これはけして害にはならない。
　むかしのオランダ貿易には銅を用いたが、これは過分の仕法で今日に適用することはできない。アメリカ、ロシアに対する交易は程よくあしらって商売を取り組み、これに与える品も国産品をもってするならば、庶民の生計の基も増加することになる。
○商人どもが米を外人に密売するという噂が先年から聞こえているが、事実はどうかわからないが、商人というものは、利益があればいかに厳重に取締っても犯す例がすくなくない。それで、貿易を許すとともに密売を取締ることにするのが得策と思われる。米も、国用に差し支えない分は渡しても差し支えなく、また凶年のときは唐国へ蒸気船でも派遣して積み取ってくることもできる。
○風説によれば、彼らは石炭を懇願するということである。これは九州などの産額が不明であるが、取調べれば存外あるかもしれない。わが国でも蒸気船をつくるようになれば自然必要なものであるから、いまこれを渡すのは惜しいような気がするが、交易の法を立てた上は、必要な場合差し止めるようにしておけば当分のあいだは差し支えないと思われる。もっともこれの代わりの品は、御国用第一の品を選ぶようにしなければならない。

○交易を許せば、のちのわざわい計りがたいなど懸念する人があるが、二百年前は人知が開けないで、彼らが愚民を扇動し、兵を用いないで他国を併呑するのを上策としていたので、これに迷わされたのはこちらの知恵足らず、不調法であったというべきである。

イスパニアが呂宋《ルソン》国と通商し、その国の兵が弱く奪取できるときを見はからって、金銭を貸して牛皮で覆うほどの土地を借り、ついに国を奪うに至ったことなどを例にとって異国を嫌う向きもあるが、わが国は武勇多智であるから彼らの謀計におちいることもあるまい。そんなことは意図するに足りないと思う。

また、キリシタンの妖法や妖術を恐れる者もある。もし妖術によって勝ちを制し、国を奪うことができるならば、どうして億万の財を費やして艦船や火器をつくり、武備を怠らないようにするのか。

むかしは火取眼鏡や望遠鏡にも驚いたこともある。しかし蘭学が開けて以来、恐れ怪しんだこともわかるようになった。これを考えると、有用な銅を海外にお捨てになったお蔭で通商が開け、医術その他も進歩し、国益が増進した。蘭学はすべて芸術関係の学問である。芸術は古《いにしえ》から華夷の別なく、その善であるものを採ってわが国用に供している。城砦・陣営の製も皆群芸の内である。

蘭学者は耶蘇の妖術に惑わされるかもわからないなどいう者もいるが、蘭学が開けて国益が増進したことはあっても、いまだ蘭学者に心得違い・不埒なものはひとりも聞いたことがない。かえって、聖賢の道を学び倫道を明らかにしていた大塩平八郎のような凶賊もあるから、聖賢の道といってもあてにならない。したがって蘭学をもって邪道とするなどは見当ちがいである。

外寇防御のことは当今ばかりに限ったことではなく、億万年ののちまでも懈怠《けたい》なく忘れてはならない。戦艦の制・火器の術・陣制戦法も先方と同じになれば、先方は軍資を費やし、遠洋を凌いで襲いくることはまったく損となるから、来ることもあるまい。それで先年愚見を呈したわけである。

わが国人は他人から学ぶのを恥としているが、彼らは他から学ぶのを国益と考え、諸国を航海して「その善なるもの」があれば、これを採って自国の欠けたところを補い、彼らが交易利潤を貪るのも、国を富ませ兵を強くするためであって、他を学びこれに倣うのを恥としない。彼らのなかには蛮語を習いこれを談《はな》すものもあるが、これは武備に関することはなにごとも博く探索するためである。

わが国に不慮に備える武備が充実していれば、夷船が来て商売御免になっても、いささかも患えるところはない。

わが寛大を示して彼を容れ、交易を許して二、三年成績をみ、不都合があればこれを止め、こちらの無用の品をもって有用の品に易え、とくに交易をしているあいだに彼らの強弱を知ることもできるであろうし、また交易に利益があれば、これを海防費に充てることにもなれば武備も行き届くことになる。

交易を許したからといって、御国体に係わるということはけっしてない。これを許さず、万一にも兵端を開くことになれば、これこそ容易ならないことである。これは多年憂懼《ゆうぐ》していたことでありますから、身分を顧みず書面をもって申し上げる次第であります。　以上。

丑（嘉永六年〈一八五三〉）十月　　高島喜平

四、英龍の諫言と決断

秋帆改め喜平は、この「嘉平上書」の書面を持って英龍を訪ね、幕閣に進達するよう依頼する。ところが英龍はこれを一読して、つぎのように、言葉を尽くして諌めた。

「先生のご意見はまことにもっともで、私も同意見であります。しかしながら、今日の世論はもっぱら主戦論に傾き、『気焔当たるべからず』のありさまであります。そのため開戦が『不可』なことを承知の阿部伊勢守正弘さえ、朝野の反対を配慮して『和戦』を決しかねているほどの情勢でありますから、先生がこのことを建言されることは、たいへん心配なことと思われます。

識者のあいだでは先生の非凡な卓見に感服しておりますが、世間一般の者は先生のことを、みだりに夷狄を尊崇してその下風に立つ者であると思い誤り、ずいぶん悪しざまに誹謗していますから、このような建議をされれば、国賊、朝敵と憎みたて、せっかく十余年の幽囚を出られた御身が、またもや不慮のわざわいにおちいられるようになるかもしれないと思われます。

そこで来春アメリカ使節が再来して幕府の確答もあってから、時機をみて提出されてはいかがでしょうか」

これを聴き終えた秋帆は

「私の一身をご心配いただく御芳志は感謝の至りです。しかし男子が国に報じる志を懐《いだ》いて、危急の際に臨み、一身の安危を慮《おもんばか》ってこれを傍観することがどうしてできましょうか。高島喜平がこの意見を申し述べるのは、一身の功名を博しようとするためではなく、一身の禍害もあえて恐れるところではありません。時機に投じて封事《ふうじ》を奉るのは策士の業《わざ》で、国士の屑《いさぎよ》しとしないところであります。

貴殿がお取り次ぎくださらないならいたしかたなく、私みずから伊勢殿（阿部正弘）に持参いたしましょう」

といい切って、思いとどまる気色もなかった。

「それほどのご決心であれば、私も、もとより同意見でありますから」

英龍は別に意見書をつくり、秋帆と進退をともにしようと決心して、秋帆の意見書に添えて正弘に進達した。

この上書が幕府の政策決定に効果をもたらしたという表立った証拠はないが、評定所の答申や多くの藩主たち、そして当時の一般世論に反して幕府が開国政策に踏みきったことは、歴史上の事実である。そして、この時機に堂々としかも理路整然と開国を主張したのが、秋帆ひとりであったこともまた事実であり、年とともに高く評価されていった。

明治大正昭和期の大言論人、徳富蘇峰（一八六三〜一九五七）は「嘉永上書だけで、秋帆の名前はいつまでも朽ちることがない」と書き残している。

五、新設講武所でつぎつぎ昇進

前述のように、釈放後の秋帆は、江戸の芝新銭座にあった英龍の屋敷に落ち着き、調練場での教練を見ることを楽しみとした。そこでおこなわれることは、徳丸原時代よりつぎの点で進歩していた。

①銃陣の号令が日本語に改められたこと
②火打石銃が雷管銃に代わったこと
③西洋砲術の知識が広く普及したこと

釈放直後の嘉永六年（一八五三）八月十五日、秋帆は海防掛御用取扱として、御代官江川太郎左衛門手付に召し抱えるという辞令を受け、つづいて同月二十八日には大砲鋳造方御用掛を申し渡された。これは幕府が英龍の進言にしたがって品川台場を築き、あわせて相州海岸、猿島（横須賀市沖）および下田、摂海（大阪湾）などに砲台を新築することになったことによる。手はじめに、品川台場の縄張御用（経始）、大砲鋳造、車台および付属品の製造を英龍に命じ、秋帆にはその配下となって勤務するようにとの意向だったのである。

品川台場は、英龍が命を受けるとただちに着手され、日夜工事を急いで、安政二年（一八五五）五月に完成した。英龍はその年正月十六日、完成を前に急逝しており、その後はその嫡子である江川保之丞（一八三六〜六二）を秋帆が補佐して任務を達成させたのである。

これによって、御代官御鉄砲方見習の保之丞は幕府から賞詞をたまわり、金七枚および時服二を下賜され、その上に芝海岸の関根但馬守屋敷および地つづき六千六百三十四坪（約二万一千八百九十二平方メートル）を江川家屋敷、組与力同心の居住地および大小砲練習場として下賜されている。秋帆には、御用完成の褒美として同年五月四日付で金五両を賞された。

これに先立ち、幕府は、海岸防御についてすべて西洋流砲術を採用し、その普及および徹底を期するため、嘉永六年（一八五三）九月二十一日付けで西洋流砲術を四芸（弓、馬、槍、剣）同様に修業すべきことを令達した。

この令達によって、芝新銭座の江川塾（縄武館）および芝赤羽橋畔《たもと》の下曽根金三郎の塾は、修業者が道場に溢れるほどさかんになる。秋帆はその江川塾の塾頭となって後継者の指導にあたった。安政二年（一八五五）七月二十日には秋帆が御普請役となり、御鉄砲方付教授方頭取を命じられ、金五両の増給を受けている。

安政元年（一八五四）五月十三日、閣老の正弘は浜御庭（現・浜離宮）南側の泉水等を埋め立て、幅一町（約百九メートル）長さ三町（約三百二十七メートル）の広場をつくり、砲術操練場にあてるよう命じた。これが講武所建設の発端になったが、この場所自体は種々故障がおこり実現しなかった。そこでその調査をご普請奉行に命じ、同奉行が海防掛、大目付、目付と評議して、つぎのような答申をした。

○築地にある堀田備中守正睦（一八一〇～六四）の中屋敷に講武所および水泳稽古所を設けること

○筋違門外の加賀原に講武所を設けること

○四谷門外のあひの馬場に同じく講武所を設けること

以上三カ所には武術稽古場、鉄砲角場および小隊教練をおこなう設備をすること
◯堀川越中島に野戦調練場および大砲稽古場を設けること
◯神田橋と一ツ橋間の空地（火除地）を囲い、騎戦調練の場所とすること
これらの工事を安政元年（一八五四）十二月に着手し、翌二月に総裁以下の役員が決定した。さらに翌年まず築地講武所が竣工し、四月から子弟の入所を許すことになった。同月十三日将軍徳川家定（一八二四～五八）が来臨して諸武芸を上覧し、二十五日に開所式がおこなわれている。

安政三年（一八五六）十一月二十五日、秋帆は西洋砲術の開祖として、つぎのような賞詞を受ける。

「壮年のころから西洋砲術の利用について格別熱心で、下曽根、江川などへ伝授し、このごろ一般に普及することになったことは、まったく流祖といってよい格別の功業である。そこで特別に新規召抱え十人扶持を与え、諸組与力格として、江川太郎左衛門の手付を命じる」

秋帆が「火技中興洋兵開基」の印を使うようになったのはこのときからで、この言葉を贈ったのは正弘と伝えられている。

安政四年（一八五七）十二月に富士見御宝蔵番、講武所砲術師範役を命じられ、七人扶持を加増された。

万延元年（一八六〇）神田小川町（現・千代田区三崎町の日本大学法学部所在地）に新築された講武所が竣工し、二月三日に開場式がおこなわれた。こののち秋帆は居宅を小石川小十人町（旧・指ヶ谷町、現・文京区白山）に移転し、ここから前記小川町の講武所に通ったのであった。

晩年の秋帆（細川潤次郎『高島秋帆先生伝』より）

文久二年（一八六二）八月には英龍の嗣子保之丞改め江川太郎左衛門英敏が病没し、秋帆は講武所奉行支配となった。

六、平成二十八年が没百五十周年

慶応二年正月十四日（一八六六年二月二十八日）秋帆は、講武所師範役の現職にあって病没した。享年六十九歳、法名は「皎月院殿碧水秋帆居士」。

履歴書には以下のようになっている。

文久元年（一八六一）　　小十人格（百俵高）
同三年（一八六三）八月　御武具奉行格（御足高二百俵）
慶応二年（一八六四）五月　西洋砲術出精に就き金二枚下賜
　同年　　六月　病死

これは同人の賞典査定のため、死没時の発表を遅らせたものと思われる。東京都文京区本郷東片町（現・向丘一丁目十一―三）にある曹洞宗寺院金龍山大円寺に葬られ、現在も残る秋帆の墓は、国指定史跡となっている。

同地には、秋帆に先立ち、文久三年（一八六三）九月二十八日に六十歳で亡くなった妻香の墓碑（苔道院殿閑室禅香大姉）や文久二年（一八六二）八月一日に二十歳で亡くなった孫の茂巽（太郎）の墓碑（堂賢院小嶼道通居士）も現存する。

大円寺墓碑のかたわらには、秋帆の紀功碑も見ることができる。一八八六年（明治十八）に上野公園に建立され、一九二二年（大正十一）ここに移転されたもので、碑文

大円寺本堂（日宇孝良撮影）

には発起人で『高島秋帆先生伝』（一八九四年（明治二十七）求心堂刊）の著者、細川潤次郎（一八三四〜一九二三）による。同人は土佐国（高知県）出身、長崎で蘭学を学び、秋帆最後の弟子のひとりでもあったが、明治期にわが国の法典整備に尽力した法学者、教育者として活躍した。

碑には陸軍大将二品大勲位（有栖川）熾仁親王（一八三五〜九五）篆額「火技中興洋兵開祖」につづき、一千字を超える漢文の紀功文、「明治十八年乙酉十一月」「元元老院幹事正四位勲三等　細川潤次郎撰」「長崎　吉田晩稼書」「井亀　泉鐫」が刻まれている。

碑文を書いた吉田晩稼（一八三〇〜

大円寺高島家墓（墓は左から夫人、秋帆、孫）

一九〇七）は、現在の長崎市興善町生まれ。幼時から書を好み、秋帆に兵学を学んだのち、「長崎事件」で家を出て諸国を遍歴、尊皇論を唱えて苦境におちいる。維新戦争時には官軍参謀山縣狂介（有朋　一八三八〜一九二二）の秘書となり、戦争平定後には陸軍大尉となるが、辞任して書道に専念した。靖国神社の石標のほか諸官庁の標札も書いている。

長崎にある墓碑については後述する。

七、長男高島茂武（浅五郎）

秋帆の長男高島茂武（浅五郎）は、一八二一年（文政四）の生まれで、祖父茂紀、父秋帆さらにはその門下の池辺啓太等の指

大円寺紀功碑（墓、紀功碑とも、日宇孝良撮影）

導を受けて砲術家となった。一八三〇年（天保元）に町年寄見習となり、ついで町年寄に進む。一八四一年（天保十二）の徳丸原演習では、二十歳で第二中隊長として指揮を取った。

「長崎事件」で父とともに逮捕された浅五郎は、江戸に送られて、一八四六年（弘化三）の判決で「五十日押込」の刑を受ける。その後は長崎に帰って、父に代わり高島流砲術師範をつづけた。

浅五郎が一八四六年（弘化三）に盛岡藩鉱山製鉄技術者の大島高任を教えたことは前述したとおりである。

嘉永三年（一八五〇）には九月と十一月の数回にわたって、長州藩の吉田松陰（一八三〇～五九）の訪問を受けている。松陰の『西遊日記』によれば、九月十五日長崎に到着した早々の翌日朝、長州藩士郡司覚之進信彰（一八二九～一九〇二）の案内でやって来た。同人は、石川市之助とともに、六月から砲術稽古のため長崎に滞在していたのである。

そしてその日の午後、長崎港に船を出して唐船やオランダ船の周辺を乗りまわしたあとで崇福寺に行き、ついで晧台寺の砲術家坂本天山（孫八）の墓碑に参拝している。十一月八日正午ごろに平戸から長崎に戻った松蔭は、長州屋敷に顔を出して崇福寺に行った。そこで前記覚之進が帰国して長崎にいないのを知ると、浅五郎宅を訪れている。その後同月二十三日にも訪問、長崎を出立する十二月一日の前々日と前日にも浅五郎宅に足を向けている。

松陰は長崎滞在の最初と最後に集中的に浅五郎と会っているわけで、兵法研究に西洋砲術師範浅五郎との面会をいかに大切にしていたかを示している。

松陰は嘉永六年（一八五三）六月にも短期間長崎に滞在するが、このころはすでに秋帆が釈放されて、浅五郎が江戸に去っていたので会っていない。

秋帆が講武所師範役になるとともに、浅五郎もまた講武所砲術教授方となり、ついで大砲指図役となっている。

浅五郎は文久三年（一八六三）三月、将軍徳川家茂の上洛に随行警護を命じられた任務中の京都で病没した、享年四十三歳。前年八月の孫茂巽の死につづく後継者の喪失に、秋帆夫妻の悲嘆が思いやられる。秋帆の妻香が同年九月に亡くなったことは前述したとおりである。浅五郎の法名は「賢徳院殿源武晴城居士」、墓所は京都府上京区の曹洞宗寺院福聚山慈眼寺にある。

なお、秋帆の次男寛三郎（忠功、号適斎）は伯父の町年寄久松碩次郎の養子としてその家を継ぎ、九代久松新兵衛定益となった。次男もまた「長崎事件」に連座し「五十日押込」の刑を受けている。

八、孫高島茂巽（太郎）

秋帆の孫で、浅太郎の長男である高島茂巽（太郎）は一八四三年（天保十四）の生まれで、講武所歩兵教授方、ついで語学所英語句読教授となったが、文久二年（一八六二）八月一日祖父母や父に先立ち病没する。法名、墓所は前述のとおり。

秋帆は、嗣子、嫡孫を失ったので、幕臣福田作太郎重固の弟兵衛を養子として茂徳と名乗らせた。茂徳は新政府に仕えて陸軍中佐に進んだが、熊本鎮台勤務中の一八七六年（明治九）の神風連《しんぷうれん》事件の際に戦死した。その遺児に茂秀と茂松があった。

第九章

高島秋帆の長崎市内にある史跡

――功績の割には淋しい国指定史跡――

高島秋帆旧宅「雨声楼」（長崎歴史文化博物館蔵）

江戸から時代は大きく移りかわっても、秋帆の足跡は現在も残る。邸宅をはじめ、墓地や屋敷跡など高島家に関するものはいまでも見ることができる。しかし、現状史跡の取り扱いはじゅうぶんとはいえず、出島やシーボルト宅跡といった史跡に比べて、功績の割には淋しい場所のままである。

一、高島秋帆旧宅（国指定史跡）

長崎市東小島町五番三十八号にある高島秋帆旧宅は、もとは秋帆の父で町年寄の茂紀が一八〇六年（文化三）別邸として建て「雨声楼」「齢松軒」などと呼ばれたものである。一八三八年（天保九）大村町（現・万才町）の高島屋敷が類焼したため、以後この別邸がもっぱら使われた。

一八五三年（嘉永六）秋帆が釈放されて高島一家が江戸に行ったのち、秋帆の高弟の中島名左衛門（一八一七〜六三）がここに住んでいたが、一八六三年（文久三）長州藩に行った際に暗殺される。その後「咲草屋」という料亭になり、一八七〇年（明治三）になると、松尾浅吉がここに「宝亭《ほうてい》」という料亭を開くも一九一六年（大正五）に廃業している。

翌年には、瓜生タツがその一部を借りて待合「辰巳」を経営した。ここには、歌人斉藤茂吉（一八八二〜一九五三）や作家芥川龍之介（一八九二〜一九二七）なども出入りしている。

一九二二年（大正十一）史蹟名勝天然記念物保存法により、第一回指定に選ばれるものの、太平洋戦争まで残っていた「雨声楼」は原爆で大破し破却された。

現在では、石段、石垣、白壁や砲痕石などに往時を偲ぶことができるが、大正十一年同時に国史跡に指定された出島やシーボルト宅跡にはある資料館や記念館がない。一時石倉にあった展示場も閉鎖されており、国指定史跡にふさわしい整備と活用が望まれる。

晧台寺の秋帆墓碑（日宇孝良撮影）

二、高島家墓地（長崎市指定史跡）

高島家の墓地は長崎市寺町晧台寺後山にあって、中央正面が三代茂郷の墓碑であるところから、墓域の設置はその死没時である一六七三年（寛文十三）前後と推定される。

広大な敷地に墓石が並び、当主の墓碑は初祖の八郎兵衛氏春、初代四郎兵衛茂春以下、別家を立てた六代音纓を除く十一代秋帆までがそろっている。

このうち秋帆のものは一八六八年（慶応四）六月に門人たちが建てたもので、同人のほか、先立って亡くなった妻香、長男浅五郎、孫太郎の法名も刻まれている。同墓碑に刻まれた発起門人の名前は、つぎのとおりである。

墓碑建立発起人（日宇孝良撮影）

○大木忠貞（藤十郎）
○野口正道（善太夫）
○福田春宜（耕作）
○尾上春房（藤之助）
○上原寛林（百馬・七次）
○近藤慶智（雄蔵）
○荒木宗彜（千洲）

このうち、大木忠貞（藤十郎・可月・野鶴一七八五～一八二二）は長崎奉行所付船番触頭を務め、在任中には江戸参府のオランダ人を護衛して江戸長崎間を往復すること八回におよんだという。秋帆の門弟として砲術を修めるかたわら、オランダ人について航海術を習得し、佐賀藩に招かれ、藩士に通用航海機関術などを教授した。一八七三

年（明治六）十一月二十四日没、八十九歳。墓地は大音寺後山。

野口善太夫も御役所付船番触頭、福田耕作は同船番触頭助である。

荒木千洲（千十郎・一・世万・春潭　一八〇七〜七六）は町年寄久松家の家来萩尾順右衛門の子で、久松碩次郎と秋帆兄弟の恩顧を受け、秋帆の門人となり洋兵学を修めた。唐絵目利荒木氏の役株を譲り受け、荒木姓を名乗り渡辺鶴洲（一七七八〜一八五〇）に師事するが、南蘋《なんぴん》派にも通じ西洋画法を巧みに取りいれた絵を描き、唐絵目利頭取となり『続長崎画人伝』を編述する。一八七六年（明治九）六月十五日没。

このほか長崎の門人で有名なのが、山本清太郎（秋村・淡斎・春海　?〜一八六八）。御役所付船番で、荻野流砲術を学んだのち秋帆の門人となった。佐賀蓮池藩主鍋島直与（雲叟）に砲術師範として召し抱えられたこともある。漢学にも通じ『高島流砲術伝授書』などの著書がある。一八六八年（明治元）没。

山本物次郎（重知　一八〇一〜六八）も秋帆について砲術を学び、みずから大砲を鋳造した。福澤諭吉が出来大工町付近にあったその町司（使）役宅にいたことでも有名で、現・出来大工町の現地に諭吉使用の井戸と記念碑がある。町司から奉行所付触頭にすすみ、長崎に大砲隊が置かれたとき指図役となる。長崎海軍伝習生にもなって蒸気運用の術を修め、一八五七年（安政四）には大砲二門を幕府に納めた。ふたたびオランダ人について製鉄事業、反射炉、錬鉄製造を学び、飽の浦に製鉄所が建設される際には大いに活躍した。幕末の長崎警衛隊員の多くが同人の門人で、その銃の多くが同人の鋳造であった。一八六八年（明治元）没、六十八歳。墓地は長照寺後山。

三、町年寄高島家屋敷跡（医学伝習所跡）

町年寄高島家の屋敷は大村町（現・万才町六）にあったが、一八三八年（天保九）小川町（現・上町）から出火した大火で類焼した。一八五七年（安政四）に長崎奉行所西役所（現・江戸町二、長崎県庁の所在地）で松本良順（順 一八三二～一九〇七）や司馬凌海（一八三九～一九七九）ら十数人を相手に開始されたオランダ海軍軍医ポンペ（一八二九～一九〇八）による西洋医学の講義は、伝習生の数の増加により、この地の西北隅の一屋に移り、大村町医学伝習所と呼ばれるようになる。ここには化学の実験がおこなわれる舎密試験所もできて、わが国写真の祖である上野彦馬も出入りした。

なお、このポンペ開講の日付を西暦に換算した十一月十二日を長崎大学医学部は開学記念日としている。

（了）

おわりに

私が高島秋帆に興味を持ったきっかけは、黄檗研究家の宮田安先生（一九一一～九五）との出会いでありました。みずからも住み、お父上が深く関わっておられたせいか、酒席の雑談に、しばしば高島秋帆宅跡のことが話題にのぼりました。最後の著書となった『ながさき史話集』の冒頭記事が「高島秋帆宅跡の石倉」であり、長崎文献社発行の『中島川遠眼鏡・長崎おもしろ草子』には「秋帆邸物語」が掲載されており、今回これらを大いに利用して学恩に報わせていただきました。

また、長崎史談会の理事で、長崎県立長崎図書館勤務の経験ももっておられる日宇孝良氏が、二〇一一年（平成二十三）八月二十日「高島秋帆について」と題して長崎史談会主催公開講座で講演をされましたが、そのために収集された貴重な資料をそっくり頂戴いたしておりました。

日宇氏は、長崎歴史文化博物館や県立図書館で文献資料を探索・読破した上で、長崎の高島秋帆旧宅、高島家墓地などはもとより、東京都文京区の大円寺、埼玉県深谷市の岡部陣屋跡、静岡県伊豆の国市韮山の江川邸、反射炉、本立寺にまで足をのばし、写真を撮影し、資料を収集されています。ありがたくもご本人のご了承をいただきましたので、その貴重な写真や研究成果を活用させていただいて、なんとか本書は完成いたしました。深く深く感謝いたします。

このほか、有馬成甫著『高島秋帆』（吉川弘文館）をはじめ、先人たちの著書も参考にさせていただきました。

本書を執筆しながら、あらためて高島秋帆の素晴らしい人柄と功績に感激しましたが、とくに印象深かったのは、江川太郎左衛門英龍との温かい師弟愛でした。秋帆と英龍、ふたりの出会いがなければ、日本の近代化がかなり遅れていたのではないかと思っております。

本書が、ふるさと長崎が生んだ偉人・高島秋帆の地元における評価と理解を高めるのに多少とも貢献できることがあれば、無上の幸せに存じます。

ご購読いただきました皆様に心から感謝し、遠慮のないご批判をお寄せいただきますようお願い申し上げます。

高島秋帆略年譜

明和九年（一七七二）（＝安永元年）		父・四郎兵衛茂紀、誕生。
寛政二年（一七九〇）		父茂紀、高島本家の養子となり、町年寄見習ついで町年寄に就任。
寛政八年（一七九六）		兄碩次郎、次男として誕生。後、久松家の養子となり町年寄。
寛政十年（一七九八）	〇歳	秋帆、三男として誕生。諱・茂敦、通称・四郎大夫。
文化二年（一八〇五）	八歳	小島郷雷丘に別荘雨声楼（齢松軒）完成。
文化五年（一八〇八）	十一歳	フェートン号事件勃発し、茂紀、出島台場を守る。
文化八年（一八一一）	十四歳	父茂紀、出島備場受持となる。
文化九年（一八一二）	十五歳	父茂紀、荻野新流砲術師範となる。
文化十一年（一八一四）	十七歳	父茂紀、長崎会所調役就任。秋帆、町年寄見習併せて出島備場受持となる。
文政元年（一八一八）	二十一歳	秋帆、長崎会所調役となる。
文政四年（一八二一）	二十四歳	長男・浅五郎誕生。
文政五年（一八二二）	二十五歳	次男・寛三郎誕生。兄・久松碩次郎の養子（定益）となって町年寄。
文政六年（一八二三）	二十六歳	茂紀と秋帆、商館長スチュルレルらに接し西洋砲術研究。
文政十一年（一八二八）	三十一歳	シーボルト事件発生するが茂紀・秋帆、関与しない。

天保元年（一八三〇）	三十三歳	この頃から盛んにオランダから銃砲、兵法書を輸入、その他の脇荷貿易も実行。
天保三年（一八三二）	三十五歳	茂紀に武雄領主鍋島茂義の家臣平山醇左衛門入門。
天保五年（一八三四）	三十七歳	熊本藩池辺啓太、茂義入門。
天保六年（一八三五）	三十八歳	武雄領に行き、日本初鋳造の洋式臼砲を贈る。
天保七年（一八三六）	三十九歳	茂紀死去、六十五歳（表向きは翌年）。
天保八年（一八三七）	四十歳	町年寄本役となる。熊本藩のために洋式臼砲を鋳造。
天保九年（一八三八）	四十一歳	薩摩藩鳥居平八、平七兄弟入門。大村町（現・万才町）の高島本邸類焼。
天保十一年（一八四〇）	四十三歳	アヘン戦争勃発。「天保上書」提出。
天保十二年（一八四一）	四十四歳	徳丸原大演習。江川英龍・下曽根金三郎に砲術免許。
天保十三年（一八四二）	四十五歳	田原藩村上範致入門。鳥居耀蔵の讒訴で逮捕。嫡孫茂巽（太郎）誕生。
天保十四年（一八四三）	四十六歳	浅五郎らと江戸に送られ、伝馬町獄舎に繋がれる。
弘化二年（一八四五）	四十八歳	再吟味の結果、老中水野忠邦罷免、耀蔵禁固。
弘化三年（一八四六）	四十九歳	中追放の判決を受け、岡部藩お預け。耀蔵終身禁固。盛岡藩大島高任来崎、浅五郎に入門。
嘉永二年（一八四九）	五十二歳	岡部藩江戸藩邸に移る。
嘉永六年（一八五三）	五十六歳	ペリー来航。釈放、英龍のもとに身を寄せる。「嘉永上書」提出。高島一家、長崎を離れ江戸に行く。同宅には高弟中島名左衛門居住。

安政二年（一八五五）	五十八歳	築地講武所完成。同所教授方頭取となる。品川台場完成により賞詞。御普請役となる。
安政三年（一八五六）	五十九歳	西洋砲術開祖として賞詞。
安政四年（一八五七）	六十歳	富士見宝蔵蕃、講武所砲術師範役となる。
万延元年（一八六〇）	六十三歳	居宅を小石川小十人町（現・千代田区三崎町）に移す。
文久二年（一八六二）	六十五歳	嫡孫・太郎病没、二十歳。
文久三年（一八六三）	六十六歳	妻香（池田氏）病没、六十歳。
元治元年（一八六四）	六十七歳	嫡子・浅五郎、京都で病没、四十四歳。
慶応二年（一八六六）	六十九歳	正月十四日自宅で没。東京市本郷（現・東京都文京区）大円寺に埋葬。
慶応四年（一八六八）		長崎晧台寺高島家墓地に門人たちが秋帆、香、浅五郎、太郎の墓碑建立。

参考文献

遠藤早泉『高島秋帆』健文社（昭和十七年）
有馬成甫『高島秋帆』吉川弘文館・人物叢書（昭和三十三年）
石山滋夫『高島秋帆』葦書房（昭和六十一年）
板橋区立郷土資料館編『高島秋帆・西洋砲術家の生涯と徳丸原』（平成六年）
同『集論・高島秋帆』（平成七年）
宮田安『中島川遠眼鏡・長崎おもしろ草子』長崎文献社（昭和五十二年）
同『ながさき史話集』（平成六年）
同『長崎唐通事家系論攷』長崎文献社（昭和五十四年）
長崎文献社編『長崎事典・歴史編』（昭和五十七年）
同『長崎事典・風俗文化編』（昭和五十七年）
長崎市役所編『増補訂正・幕府時代の長崎』名著出版（昭和四十八年）
同『明治百年長崎年表』（平成元年）
長崎市教育委員会編『長崎市の文化財・第十版』（平成二十一年）
長崎市立博物館編『長崎の史跡（墓地・墓碑）・長崎学ハンドブック』（昭和十七年）
平松勘治『長崎遊学者事典』渓水社（平成十一年）
仲田正之『江川担庵』日本歴史学会（昭和六十年）
上野日出刀『長崎に遊んだ漢詩人』中国書店（平成十一年）
籏先好紀『長崎地役人総覧』長崎文献社（平成二十四年）
日宇孝良「高島秋帆について」（平成二十三年長崎史談会・長崎学公開講座資料）

人名索引

ス

セ

タ

ヱ

ヨ

レ

ワ

著者略歴

宮川　雅一（みやがわ　まさかず）

1934年長崎市生まれ　1957年東京大学法学部卒業

1979年長崎市助役　1987年長崎都市経営研究所所長

現在、長崎史談会相談役を務め、学さるくなど積極的な文化活動に取り組んでいる。

《主な著書》

『金融事務の知識』（良書普及会、1970）共著

『長崎散策 歌碑・歌跡を訪ねて』（出島屋プロダクション、2003）

『長崎散策 その2 斉藤茂吉の歌碑・歌跡を訪ねて』（出島屋プロダクション、2003）

『長崎散策 その3 向井去来の句碑・足跡を訪ねて』（出島屋プロダクション、2003）

『宮川雅一の郷土史岡目八目』（長崎新聞社、2013）

長崎偉人伝

高島秋帆

発 行 日　2017年12月1日　初版第1刷

著　　者　宮川　雅一（みやがわ　まさかず）

発 行 人　片山　仁志

編 集 人　堀　　憲昭

発 行 所　株式会社 長崎文献社

〒850-0057 長崎市大黒町3-1　長崎交通産業ビル5階

TEL095-823-5247　ファックス095-823-5252

HP:http://www.e-bunken.com

印刷・製本　株式会社 インテックス

ISBN978-4-88851-282-4　C0023